企业关联演化与风险传染

李明昕 杨 倩 刘 芳 韩芳彬 周福英 唐 俊 著

东北大学出版社

·沈 阳·

图书在版编目（CIP）数据

企业关联演化与风险传染 / 李明昕等著. -- 沈阳：
东北大学出版社，2024.2
ISBN 978-7-5517-3504-9

Ⅰ．①企… Ⅱ．①李… Ⅲ．①企业管理－风险管理－
研究 Ⅳ．①F272.35

中国国家版本馆CIP数据核字（2024）第050886号

出　版　者：东北大学出版社
　　　　　　地址：沈阳市和平区文化路三号巷11号
　　　　　　邮编：110819
　　　　　　电话：024-83683655（总编室）
　　　　　　　　　024-83687331（营销部）
　　　　　　网址：http://press.neu.edu.cn
印　刷　者：辽宁一诺广告印务有限公司
发　行　者：东北大学出版社
幅面尺寸：185 mm × 260 mm
印　　张：8.75
字　　数：189千字
出版时间：2024年2月第1版
印刷时间：2024年2月第1次印刷
策划编辑：曹　明
责任编辑：白松艳
责任校对：曹　明
封面设计：潘正一
责任出版：初　茗

ISBN 978-7-5517-3504-9　　　　　　　　　　定价：52.00元

前　言

在社会、经济、金融网络不断发展的环境下，企业的网络可以为区域经济发展提供科学的管理工具，但其连接也会成为风险传染的主要路径。企业持股人、管理者与其他机构间的人员、资金流动等形成的复杂关系对企业的发展有着重大的影响。因此，加强丰富的信息资源共享并防范风险传染，已经成为企业经营战略的重要组成部分。本书通过分析企业间普遍存在的由共同股东、高管形成的复杂网络，探究复杂网络与风险管理的内在机理，挖掘系统性风险传染新视角，为宏观经济管理和微观企业治理提供智力支持。

本书共分六章。第一章介绍系统性风险的基本机理和本书的研究框架。第二章介绍企业风险特征与风险传染的基本知识。第三章和第四章分别从企业间高管网络和企业间股东网络分析资源传递对企业风险的影响。第五章介绍由企业间风险传染引起的系统性风险的宏观审慎监管。第六章为总结与展望。

本书作者为内蒙古科技大学教师李明昕、杨倩、刘芳、韩芳彬、周福英、唐俊。第1至3章由李明昕完成；第4章和参考文献由杨倩完成；第5，6章由韩芳彬完成。最后由周福英、刘芳、唐俊负责统稿与定稿。

本书受内蒙古自治区高等学校青年科技英才支持计划资助，项目编号为NJYT23101。感谢内蒙古自然科学基金面上项目（基于复杂网络的区域上市公司风险特征与风险传导分析，项目编号：2021MS01021；互联网环境下内蒙古自治区金融机构系统性风险识别及测度模型研究，项目编号：2019MS01014），包头市昆都仑区科技计划项目（基于科学研究效率和科技成果转化率的区域经济协调发展研究，项目编号：YF2020011；服务区域产业经济的地方工科高校科研与成果转化机制定量分析研究，项目编号：YF2022017）的支持！感谢全体作者的努力！

由于著者水平和时间有限，书中难免存在不妥之处，恳请读者指正！

著　者

2023年10月于包头

目　录

第1章 绪 论

1.1 研究背景和研究意义

1.1.1 研究背景

在复杂多变的经济环境下，经济金融体系的健康稳定发展是人们首要关注的问题，其中金融机构的风险防控和传染必然产生重要影响，除此以外，企业间的社会网络也在当今的经济环境中成为主要的风险传染路径。企业爆发风险危机不仅会造成自身的重大损失，还会危及其他经济主体的利益，同时是造成企业间风险传染和经济金融系统性风险的主要原因，因此加强风险管理、探寻风险防范与控制机制尤为重要。另外，企业要想持续发展，也要提升由财务风险决定的风险承担水平，企业风险承担水平对于提高企业的经营绩效、加快社会资本积累、实现经济的可持续增长具有重要的作用。

随着社会和经济网络的不断发展，企业所处的网络给研究企业风险传染提供了可行的科学方法。复杂网络方法已经被广泛应用于经济金融网络和社会网络的拓扑结构演变、风险传导等方面的研究，为检验基于经济和社会关联角度的治理作用提供了有效工具。经济金融等领域的研究结果指出，企业共同所有人、管理者与金融机构间的人员流动等形成的复杂社会关系对企业的发展有着重大影响。

社会网络中蕴含着丰富的信息，已有研究结果发现企业间的社会网络具有资源配置效应，能够帮助企业获得稀缺资源，实现企业间优势互补，降低交易成本。但社会网络往往也是一个对风险较敏感的复杂系统，风险的传染和蔓延很可能导致整个网络组织的动荡。近年来，企业间普遍通过共同股东或高管形成了复杂的网络连接，这虽然强化了彼此间的合作与交流，但是其是否会对企业的财务风险产生影响，现有针对性的研究还不足。此外，由于企业风险承担需要丰富的信息资源支持，企业往往会倾向于将社会网络作为自身经营战略的一部分，通过高管联结等方式获取外部资源。然而，在不同类型的社会网络中嵌入的风险信息和资源存在差异，对企业内部风险和风险承担水平产生的影响也不尽相同。

企业内部风险受其内部控制策略和管理制度影响，可以抵消和回避，但同时具有关

1

联性、不确定性和可转移性，相较于其他风险往往更难以防范和化解（Fletcher et al.，2018）。日渐激烈的外部竞争环境加剧了企业内部风险，意味着企业需要处理好发展与稳定之间的关系。学界和业界对企业内部风险的研究普遍聚焦于经营投资产生的财务风险和研发投入等影响的风险承担水平。财务风险是常见的内部风险，不能通过有效措施而被完全消除。由于信息不对称问题的存在，委托方对于代理方信息的闭塞，给财务风险的产生提供了便利条件。企业的财务风险管理是提高经营管理效率的重要措施，资产配置、资本融通、利润分配和营运资金管理等都可能导致企业的财务预期与结果产生偏离，财务风险由此产生并始终伴随整个研发、生产、经营等过程，直接影响企业的生存和发展（计小青，2012）。较高的风险承担水平代表企业更倾向于选择更高风险的投资机会。相较于稳定回报的投资机会，这不仅有利于企业提高资产配置效率，促进经营业绩的增长，而且有利于企业回馈经济社会的发展，实现社会效益和经济效益双效合一（Habib et al.，2017）。而企业要想持续发展，不仅要设计恰当的投资策略和发展战略，也要提高企业风险承担水平。

企业作为实体经济和金融市场的主体，不仅受市场发展变化的影响，企业的行为也会对经济整体的健康稳定发展产生不可忽略的作用。随着金融开放程度的不断加深，越来越多的企业通过信贷、担保、持有共同资产等关系更加紧密地联系在一起，形成复杂的网络连接。企业间的密切联系，一方面有助于企业间交流信息，实现资金与资源的合理配置，提高企业的经营效率，促进国民经济发展；另一方面，若某家企业遭遇风险冲击，与之相关联的企业和金融机构可能遭受风险传染，由多米诺效应导致实体经济和金融网络全面崩塌。多家企业在区域内依靠核心控股公司形成了复杂网络，当核心企业发生财务风险时，会对区域经济金融产生巨大冲击。在财务风险防范的实施过程中，企业的控制者或管理者起着举足轻重的作用，他们的管理职责对风险防范意义重大。以往的研究主要关注了企业控制者或管理者的自身特点、经历与能力、职业发展在抑制财务风险中发挥的重要作用（姜付秀 等，2012），但鲜有研究探讨他们的社会关系与财务风险的联系。厘清特定区域内企业间社会网络的特征对探讨其财务风险具有重要意义。企业间存在的社会网络拓扑结构对其财务风险可以产生多大影响？处于网络中不同位置是否对企业财务风险的影响程度有所不同？更进一步地，中国经济发展具有显著的区域不平衡性，不同区域间企业的社会网络对财务风险的影响是否存在差异性？这些正是本书致力解答的问题。

企业风险承担和传染问题受到国内外学术界的广泛关注，国内外学者主要基于公司治理（Koerniadi et al.，2014）、管理者特征（Faccio et al.，2016）、宏观环境（Gh et al.，2009）等研究风险承担和传染的关系。企业风险承担和传染不仅受到所有者或管理者承担风险项目的意愿倾向的影响，也会受到资源和信息获得效率的制约。特别是对那些资源约束相对较大的中小企业，获得资源支持显得尤为重要。近年来，一些学者从企业业绩（万丛颖，2019）、科研能力（陈建林，2021）和融资约束（Shu et al.，2011）等方面检验了社会网络的治理作用。研究结果表明，企业在经济社会中的位置是不均衡的，处于核心位置的企业能够获取更优质的决策信息，具体表现为更高的投融资效率和更优的企业绩效。由此可知，企业间社会网络存在多种关联关系的同时，传递着资金、经营信息、管理方案、核心技术等要素，其主体也具备了资源储备的优势。那么，社会网络特征是否会影响企业的风险承担和风险传染？本书基于社会网络理论，构建企业间社会网络，研究网络统计特征与企业风险承担和传染的内在关系。鉴于企业在实体经济和金融市场的巨大作用，本书将企业风险管理与联结行为结合，基于复杂网络方法研究由投资者和管理者关联导致的企业间风险管理问题，不仅有助于认识由企业间社会关联导致的风险形成和传染，而且可以检测通过网络进行信息传递、资源互补对企业间风险承担水平的放大作用，也可以从多个角度为企业内部风险管理提供建议。

1.1.2 研究意义

随着社会和经济网络的不断发展，运用复杂网络理论，基于企业所处的网络来研究企业内部风险受到广大学者的广泛关注。经济金融等领域的研究结果指出，企业通过共同控制人、管理者或相关人员通过共同接受的教育、任职经历等形成的复杂社会关系对企业的发展有着重大影响。目前，复杂网络方法已被广泛应用于经济金融网络和社会网络的拓扑结构演变、风险传导等方面的研究，为检验基于经济和社会关联角度的治理作用提供了有效工具。现有的文献主要围绕企业间的商业信用（张娟，2017）、担保关系（徐子慧，2018）、投资关系（李守伟 等，2020）等层面构建关联网络，以企业为节点构建多种社会关系关联的复杂网络相对较少。

企业形成高管联结，使得它们之间加强了风险决策重要信息的传播，可以有效缓解财务风险。从信息传递的角度来看，企业之间存在联结关系，使其可以获得更多的经营管理信息，有利于加强企业的抗险能力和经济金融体系的稳定性。因此，通过企业共同股东和高管建立的复杂网络，分析股东关联和高管联结的作用机制，对防范金融风险、研究风险传染机制具有重要意义。除此之外，研究企业财务风险的另一个重要现实意义是帮助企业树立正确的资金风险意识，完善内部管理和风险控制体系，做到及时识别风险和有针对性的风险管理（Sutton et al.，2006）。

企业获取资源的能力与风险承担和传染控制能力息息相关，企业风险承担和传染控制能力对于企业本身和经济社会整体的发展意义重大。风险承担和传染控制能力会给企业带来高的经济收益，增强企业的竞争力。以往研究主要集中在经济环境和管理者特征对风险承担的影响，忽略了企业所嵌入的社会网络的作用。社会网络理论认为，企业控制者和管理者的社会关系能够为企业提供社会资本和资源。同时，兼任两家或多家企业的股东或高管使企业之间形成联结关系，联结关系提供了信息沟通以及传递的渠道，控制者和管理者可以从其网络关系中获取利益和关键信息，从而降低信息不对称等带来的风险，增加企业的风险承担能力，而且共同股东和高管的信息互补作用明显。但这些研究均是基于企业间单一关系构建的单层网络模型，并不足以描述实际经济金融市场中关联公司的多重联系。因此，国际上开始利用"多层网络"理论进行相关研究（Boccaletti et al.，2014；Mano et al.，2016）。多层网络理论可以较准确地描述复杂系统中的多重关联关系，并能解释这些关系之间相互影响和相互依赖的特性，应用多层网络探究企业间的复杂关系，有助于分析企业关联网络的多重结构特征，刻画企业间的风险传染和风险共担，对维护市场稳定具有一定的现实意义。

综上所述，首先，本书拓展了现有复杂网络的研究范围，建立了以被投资企业为节点的企业间网络雏形，分析了网络的统计特征和拓扑性质，剖析了企业间关联与系统性风险的关系，厘清了经济和金融系统性风险的特征与测度。其次，建立以企业为节点，以联结共同高管的网络，分析网络的统计特征和时变特性，考察企业间高管网络对财务风险的影响，以及融资约束和区域经济在其关系中的中介效应和调节效应，并对现有企业间网络的研究范围做了补充。最后，通过企业间网络模型推演其拓扑特征及其动态演变过程，从企业间的多重社会关系出发，研究关联交易和信息传递对于企业风险传染的共同作用，设计宏观审慎监管的最终路径，为地方经济治理提供智力支持。

经营投资产生的财务风险和由此产生的风险传染是决定企业内部风险的两个核心要素，它们受经营过程中的资产配置、资金管理、投资策略、发展战略等因素的影响。同时，高管作为企业的经营者，对企业战略的实施及相关策略的制定发挥着至关重要的作用。本书考虑建立以企业为节点，以共同高管形成的联结为边的企业单层及多层社会网络。在我国资本市场环境下，选取全国A股上市公司为研究对象，探究复杂社会网络特征对企业财务风险和风险承担传染的影响，既从财务风险和风险传染角度检验社会网络的经济后果，又为研究财务风险与风险传染的治理因素提供了新的角度。任何风险资产的总风险都是由系统性风险和非系统性风险组成的。正是系统性风险所带来的各种各样的损失后果，导致经济金融体系不能健康稳定地发展，所以学者们开始对系统性风险展开研究。尤其在近几年，"黑天鹅"事件的出现，导致全球系统性风险隐患不断凸显，进一步加剧了企业的财务风险。随着人们对企业财务危机形成机制研究的深入，最新研究数据表明，系统性风险也是导致企业财务危机的重要因素。而且系统性风险的溢出效应是备受关注的热点问题，现有研究集中于金融部门间、金融市场间的渠道识别和预警。下文将首先对系统性风险进行概述。

1.2　系统性风险

本节为前文中所提到的系统性风险提供一个概念框架。深入全面地认识系统性风险是化解金融领域风险的基础。毫无疑问,"系统性风险"是一个被广泛使用的术语,但外生或内生冲击以及各类因素主导的传播渠道和传播次序使得系统性风险定义、产生和演变不尽相同,这也是本书研究起点。本节讨论系统性风险的定义及分类、系统性风险怎样传染,以及系统性风险的测度。尤其是详细介绍了测量系统性风险的模型与方法,有助于对风险的测算有立体直观的理解。通过实证分析验证了CoCVaR模型的可行性,该模型可以测度在金融机构(或金融市场)产生极端风险时,整个金融市场的极端风险,为风险的预防工作提出了一个新的测量模型。

1.2.1 系统性风险概述

系统性风险简单地说就是通过分散有价证券组合也无法避免的风险,如战争、自然灾害等。系统风险也称为总体风险。系统风险包括政策风险、宏观风险、流动性风险、外部风险。政策和宏观变化与市场的流动性相互影响。系统风险可以用beta系数来测定。

传统观点认为,最容易面临系统性风险的经济部门是银行体系。这种现象的主要起因有两个:首先,银行之间的风险敞口可能是相互关联的,这增加了一次经济冲击导致多家机构倒闭的可能性;其次,遭受经济损失的机构可能无法或缓慢支付其对其他机构的债务,这可能在金融体系中引发一连串损失。

然而,当今金融市场系统性崩溃的危险并不仅限于银行业。这是因为在当前的经济环境下,企业和组织更有可能直接从资本市场寻求资金,而不是通过银行等传统贷款机构,这是因为资本市场融资竞争加剧。因此,影响金融市场的系统性风险可能通过相互关联的网络传播。更具体地说,新的金融创新的引入增加了系统性风险的可能性和广度。尽管金融创新的目的是分散和减少投资者所面临的风险,但投资者仍然没有认真对待。

由于市场的互联性增强,交易完成速度加快,市场参与者和监管机构越来越担心当今金融市场中系统性风险的形成和扩散。这是因为现在交易可以在更短的时间内完成。最令人担忧的是,国际货币体系将开始像纸牌屋一样分崩离析,这将导致全球范围内的经济和金融崩溃。

金融体系抵抗系统性风险的脆弱性是这类风险的典型例证。具体来说,系统性风险的来源主要有两个方面:一是各家银行风险敞口相似,可能导致各家银行同时违约;二是由于资本联系而陷入困境的银行可能拖欠对其他银行的债务,从而引发多米诺骨牌效应,导致众多银行遭受重大损失。使用澳大利亚储备银行数据的研究人员发现,两种系统风险来源之间的风险暴露相似性远比银行之间的资本联系更有意义。这两种类型的系统风险都可以归入机构系统风险的范畴。

系统性风险分析的主要目标是对可能影响整个货币体系的许多风险进行研究。总而言之,系统性风险是对全球金融体系的严重威胁,因为该体系的基本设计具有内在的不稳定性。这使系统性风险成为当今世界面临的最重要的风险之一。国际清算银行（Bank for International Settlements）对系统性风险的定义是，一个金融市场参与者的违约将导致其他市场参与者违约的可能性。国际货币基金组织（IMF）对系统性风险的定义是，特定金融机构的倒闭将给其他金融机构造成重大损失，甚至影响整个金融市场稳定的可能性。

高管层经常面临系统性风险带来的威胁。可能导致系统性风险的因素之一是内部发生的一些事情。在工业和商业组织中，总有一些员工和管理人员看不到遵守规则的价值。与此同时，企业管理系统往往不能让员工对他们的活动负责，这可能导致管理效率低下，在最坏的情况下，甚至会发生事故。

由于相关企业管理专家不具备必要的知识储备，综合能力不足；在市场经济中，市场总是在发展和变化，但负责的员工的技术和技能都很薄弱，因此企业管理充满了风险。最后，这将给公司的运营带来不可预测性。为了实现利润最大化，企业常常忽视市场对其扩张的要求，这有可能颠覆整个市场。企业如果继续沿用过去的管理方式，不接受新思想，就很难适应经济发展的需要。

2008年金融危机后，进一步加强银行业的稳定性成为国际共识。从金融危机的过程来看，单一客户、单一贷款和部分损失不会对银行业造成致命的打击。真正的威胁来自系统风险。社会关注度越来越高也是系统风险的特点日益明显的原因。

2008年金融危机的起因是美国次贷危机（次级房贷危机）。次级债（非优良住宅担保贷款）是指金融机构给信用分数在620分以下的个人办理住宅贷款。根据可获得的数据，截至2006年底，美国次级贷款总额为6000亿美元，占美国银行系统6万亿美元贷款的10%，占美国银行当年流通资本的60%。如果只有次级债问题的话，次贷危机绝对不会发展成百年一遇的全球金融危机。对全球经济造成致命打击的是系统风险。这些抵押贷款可以一次证券化、两次证券化，甚至多次证券化，然后在资本市场上出售给全世界的投资者。据分析，截至2006年，全世界资产证券化市场规模约9.3万亿美元，其中以次级债为基础的证券化商品占45%，约4.2万亿美元。这些有毒资产使世界经济罹患大病。

纵观次级债证券化的全过程，每一个链条和环节都是理性和客观的。消费者梦想着购买自己的房子，用低利息贷款购买房子是理所当然的事情。个人住房贷款是住房担保的上游业务。银行积极发展住房担保贷款业务是必然选择。为了更好地分散风险，提高资本利用效率，银行将担保贷款通过证券化出售是内在的需要。面对巨大的市场需求，资产的证券化再次满足了众多机构投资者的需求。从历史上看，信用评级公司以违约和损失率为基准评分也有一定的道理。

目前，银行唯一无法承担的是系统风险。举例来说，若银行的资产配置在周期性的贷款和投资超过三分之一的增长率下实行，对其资产质量有很大压力——如果有可能将到达整个银行体系中，一旦达到一定的比例，就会诱发系统性风险，这种由宏观经济波动诱发的系统性风险更要得到高度重视。

又如房地产行业及相关行业的信用风险热（如房价缓和导致房地产抵押风险的贷款；与房地产行业密切相关的水泥、钢铁行业，建筑业甚至地方政府的融资平台贷款和下游家电、家具、装修行业等）约占银行全部贷款的三分之一，一旦房地产市场出现大问题，其影响将是灾难性的。因此，系统性风险是银行风险管理的最重要部分。

所谓系统性风险，是指对市场上所有公司产生影响的因素造成的风险。对金融机构而言，投资收益是具有整体性的共同因素所产生的可能变动，这些因素以同样的方式影响所有证券的收益，进而造成金融机构的系统性风险。

系统性风险由战争、政权交替、自然灾害、经济循环、通货膨胀、能源危机、宏观政策调整等企业外部因素引起。虽然不同公司对系统性风险的敏感度不同，但系统性风险是公司本身无法控制的。系统性风险不能通过投资组合有效地分散。

为了确定系统性风险，需要对一个国家在特定时间内的宏观经济状况进行评估。这对整个股票市场及绝大多数个股都有不利影响。全球或国家经济危机、通货膨胀、自然灾害等都是潜在灾难性事件的例子。整体风险的影响是一般性的，本质上是由所有股票的价值下降这一事实决定的，而这种价值无法通过购买更多的股票来维持，这是整体风险影响的主要特征。1929年股票市场的失败就是由于系统性风险的存在。

一般认为系统性风险的根源有以下几点。

（1）股价过高，股票投资价值相对不足。

如果股票市场的投机行为，特别是疯狂的投机行为导致股价大幅攀升，那么股票市场的平均股价回报率就会很高，投资会相对不足。这是因为炒作后股价有所上涨。此时，在市场上的初始投资回报是充足的。因此，散户投资者将把他们的资金撤出市场，投向其他地方，这将导致股价下跌。正如那句名言所说，当股价下跌时，紧随其后的几乎总是崩盘。

（2）盲目从众的行为。

从众是普遍的现象。在股票市场上，很多股民没有自己的见解，当其他股东出售他们的股票时，无论出于什么原因，这些股民也想在市场上抛售这些股票，这将导致股票的价格暴跌，也将使这些股民遭受损失。

（3）经营环境的恶化。

国家宏观经济政策的变化，对上市公司经营的影响，不仅仅是当国家经济整体受到负面影响时（如政权或政府的更迭和领导人的去世，战争及由此带来的社会不稳定），企业经营水平普遍面临下降的危险，股票市场上所有股票的价格都会向下调整。

（4）提高利率。

在一家公司投资的相对价值会由于利率的提高而降低，这最终会导致该公司总股份价格的下降。利率上升的影响可以通过三个方面体现在股市上：第一，一家公司的大部分资本往往来自银行贷款。例如，流动性部分可以被视为借贷资本的行为。第二，利率的上升将增加企业的利息负担和家庭的初始支出，这将不利于上市机构的经营业绩。当利率上升时，股市中所有投资的相对价值都会下降。这导致一些投资者会抛售之前投资于银行套利或债券市场的资金份额。这样做的直接后果是，股票市场上股票的价格将朝着不利的方向变化。第三，利率上升导致社会整体消费水平下降。这对公司的营销有影响，最终导致销售收入和效率的下降。

（5）税收政策。

由于征税水平既与上市公司的经营效率成反比，又与个人投资者的投资收益成反比，因此税收对股市的影响也可以根据这一关系划分为两种截然不同的情况。第一种情况是对上市公司产生影响。现在许多上市公司都享有减免15%的企业所得税优惠税率。当国家取消其优惠税率，将整体税率恢复到33%的统一水平时，这些上市公司的税后利润将减少21%，这将对上市公司的经营业绩产生严重影响。第二种情况是对股市的投资要对股息征税。这项税收的规模对股票投资的回报有直接的影响。资本利得税是一种适用于投资的购买价格和出售价格之间的差额税。这种税在某些国家适用于股票市场。这一税种的实施可能会瞬间影响个人投资者的投资效率和投资热情，最终导致资金从股市转移，股价下跌。

（6）增加容量。

由于股票市场的规模扩大，股票市场上资金与股票的供求关系将逐渐发生变化。这将导致资本从供少于求转向供过于求，并导致股价下跌。规模的扩张不仅包括新股上市和股票发行，还包括A股和B股市场的合并、国有股和公司股的上市和流通等。

（7）关税市场不稳定。

如果关税市场不合理开放，关税将大幅降低，外国产品大量进口，国内市场将碎片化。这将导致公司之间的竞争加剧、公司销售额下降和利润率降低，从而导致股价下跌。关税市场也会引起企业间经营风险的连锁反应。

1.2.2　系统性风险的分类

1.2.2.1　显性的系统性风险

正是由于系统性风险所带来的各种各样的消极后果，学者开始对系统性风险展开研究。显性的系统性风险指的是一些显而易见的后果，例如，系统性风险给金融机构带来的破产、资源配置效率下降及资产价格大幅度下跌等金融危机事件。从表现形式上看，显性的系统性风险通过其带来的损失后果表现出来，损失后果真真切切地展现出给当前经济带来的损失，而不是使未来经济有所损失。若在整个市场经济系统里发生系统性风险，则意味着市场经济系统中的每一个金融机构都会发生风险损失，不管该金融机构是否与风险存在直接或间接的联系，这些机构与关联机构相比，不会通过风险的发生获取收益，所以系统性风险对这类金融机构的风险攻击，以风险的净损失的形式表示出来，这也是系统性风险和普通风险之间显著的不同之处。

市场经济体系不稳定且极度动荡，就是显性系统性风险的表现形式，也是与隐性系统性风险的不同之处。显性系统性风险的发生代表市场上现有的风险储备资源无法弥补风险损失，需要将无法弥补的风险通过扩大市场经济环境扩散掉，因此，以市场经济体系不稳定且极度动荡为信号的系统性风险即显性的系统性风险。从规避风险上看，显性系统性风险表示市场上已经发生了较大的风险冲击，因此不能通过市场组合等方式进行规避。从显性系统性风险带来的损失来看，显性系统性风险严重打击了投资人对市场的信心以及破坏了价格机制（price mechanism），进而导致市场信息的错误传播以及资源配置效率的下降，如此一来，现有的风险水平核心指标及测量市场风险指标都会失去其度量价值。在如此无序的市场经济中，市场参与者很难进行正常的投融资活动，因而政府必须介入，通过一系列政策恢复市场参与者对未来市场的信心，从而控制风险的进一步扩散，然后积极引导投资，引发资本流动，逐步有序地建立市场新秩序。

1.2.2.2 隐性的系统性风险

在公开讨论系统性风险问题时，最关键的问题是，我国的金融体系是否容易受到系统性风险的影响。我国的金融体系没有发生金融危机，但不能由此断定我国不存在系统性风险。因此，这种有可能形成系统性风险的风险因素的集合被称为看不见的系统性风险。金融机构竞争金融资源，以确保其业务运营的稳定性。金融体系的稳定将由一种看不见的系统性风险来维持。但这种风险会降低市场流动性，增加不同金融机构之间的风险相关性。"看不见的系统性风险"指的是仍在为金融灾难积累数量的系统性风险的发生比例。因此，看不见的系统性风险是大多数金融机构在其金融活动中由于经营管理模式同质化而在金融体系中积累的不可对冲的金融风险的总和。如果把国外金融产品违约、金融机构破产等事件的出现作为系统性风险爆发的标志来分析，我国金融体系并没有发生过金融危机。此外，由于国内外经济、社会和制度等因素的综合影响，我国的金融体系无法应对宏观经济冲击产生的所有风险。因此，这些风险的一部分将以亏损的形式降低投资的净盈利能力。从理论上讲，我国的金融体系应该能够承受这些风险，然而，在实践中却不能。能够影响金融体系未来收益的不确定性系统性风险在该机构破产之前就已经存在。这是因为系统性风险的积累和出现，需要一个矛盾激化、交叉传染扩大的过程。

资源价格的上涨和风险溢出效应的扩散将增加金融机构之间风险传染的可能性，以及金融体系对风险防范的敏感性。金融市场的风险抵消功能将因这两种费用的上升而减弱，金融机构的风险损失将会增加。尽管如此，由于市场对风险的吸纳，市场也能够吸收微观风险敞口，实现风险投资。因此，它可能从包括市场风险在内的风险投资中获得更高的回报。因此，就现阶段防范系统性风险的作用机制而言，金融系统通过风险溢出效应，实现了突发事件导致的风险在金融系统内部的分散传递。这确保了每个机构都有能力吸收它所负责的那部分风险损失，从而确保了金融市场的健全运作，这表明不存在明显的系统性风险。

1.2.3 系统性风险的传染

定义系统性风险需要从风险的传染性入手，不管风险的起源或者风险对组织造成的损失及后果有多严重，仅当风险传染导致金融市场出现负面冲击，便可以认为该风险是系统性风险并且发挥着作用。

在商业周期的框架内，系统性风险有可能随着时间的推移而传播。当经济向好时，金融机构会利用债务杠杆增加投资；当经济表现不佳时，金融机构不会使用债务杠杆。资产价格上涨和融资增加可能导致金融体系的敏感性加强。这是因为金融体系吸收更广泛经济风险的趋势增强了。当经济周期转变放大市场风险冲击时，风险管理不足的组织将受到微观风险级联影响的最大打击。当冲击超过机构的风险偏好时，将引发另一个促使机构失败的连锁反应。2011年刘春航与朱元倩提出一个观点，他们认为在经济周期循环中，系统性风险会被宏观经济因素触发，并且实体经济陷入恶性循环的冲击也可能是宏观经济因素造成的。从2013年发生的"钱荒"可以明显看出，银行间市场对流动性的需求发生了突然变化，使得相关的交易价格产生相匹配的波动，并且产生了对预期回报的悲观情绪，这将导致系统性风险的产生。由于金融组织交易谨慎而且仔细评估过自身的未来风险，组织将放弃投资盈利，选择资产负债保持平衡，所以机构一旦出现风险想要弥补，在市场上想要找到这种资源是很困难的，因此它将加大破产的可能性，而那些已经资不抵债的企业试图将风险转移到金融市场，将导致与这种情况相关的危险被动蔓延。

在同业往来的情况下，系统性风险将在金融组织间相互传染。在学术研究中，"金融机构风险"一词出现得相当频繁。这种风险的传播通常是商业交易中的直接联系及共同风险暴露的间接联系的结果。倘若在资产负债结构上，金融组织相互存在着借贷关系，或者这些金融组织存在着相同或者相似的资产结构，则某个金融组织将会形成风险，并且风险将通过这两种方式转移到跟这个金融组织有关的其他金融组织中，通过大量的金融组织风险防御能力的减弱来展现事件对金融市场的冲击大小，进而得到对系统性风险的评价。相关的金融组织存在着风险，在溢出效应的作用下，风险感染将转移风险，并且会遭受其他金融组织的风险冲击，因此仅仅根据风险的吸引力来区分风险传染是不可能的，因为它既包括传播风险的能力，也包括收集风险的能力。即使假设相关文献中的研究为这两个结果提供了支持，它们之间存在分歧和问题的事实也很容易被看到。部分损失风险将由于金融市场风险的聚集而降低，是金融市场风险分担机制的存在使之成为可能。在该理论的支撑下，在产生风险溢出效应的负外部性影响下，金融机构将会转移风险。如果金融风险在相互关联的不同类型的组织下被抵消，则认为在金融市场中，风险分散的能力发挥了作用，否则可以认为在金融市场中，存在着风险积累。系统性风险分析往往忽略了风险承受能力，这将影响对传递给市场的风险损失的判断。因此，它只会反映组织之间的风险外溢和风险承受能力，反映的是两者之间的关系，而不是系统风险对金融市场影响的大小。

王雯在2018年提出了一个假设，孤立的危机可能会产生系统性风险，其影响可能会像病毒一样蔓延到其他金融机构。这一理论是基于2018年提出的系统性风险传染的乘法效应。在危机之后，个别金融机构面对其他金融机构共同存在的风险的脆弱性，在最坏的情况下，可能导致有关机构的破产和崩溃，以及随后的市场混乱。在银行间市场完全流动的情况下，金融机构可以获得全面而稳定的流动性供应，从而更有利于为其长期投资创造高收入和高回报，同时降低所承担的风险。金融组织因为融资的存在，会产生资本链，它也将约束投资者，使其在职场上更道德。从经济周期中货币和兑付信用矛盾的观点来看，因经济周期变化某些债务链结构出现断裂，该债务链又以投资关系为基础，而由于债务到期可能导致投资者产生恐慌，因此会降低市场需求，进一步使得相关组织要多方面考虑。比如，可能会加大自身要承担的风险，相关联的组织产生的风险损失可能造成不良影响，它可能导致提升自身风险的预期。在通常情况下，金融组织之间的市场相互关联越广泛，遭受风险冲击的可能性越大，风险冲击导致的损失也就越大，从而断言，系统性风险的形成是一个风险不断累加的过程。

1.2.4　系统性风险测度

在系统性风险的测量方面。若要防止系统性风险爆发就应该准确有效地测量系统性风险。在美国次贷危机发生前，普遍采用宏观经济变量和资产负债表数据构建的早期风险预警指标来度量系统性风险，将单一指标通过适当方式合成整体指标来反映系统性风险。区域性风险的相关理论已经日趋成熟与完善。然而，基于CoVaR及其拓展模型对区域性金融风险的测度仍是一个比较前沿的研究方向。例如：张冰洁等（2018）提出的CoES模型注重了尾部损失均值，可以更精确地计算金融机构系统性风险；通过CoVaR度量了泰国银行的系统性风险和单独的银行对于行业整体的风险外部溢出效应，最终得到在亚洲金融危机后，银行业对于系统性风险的贡献度有着显著的上升趋向的结果。从理论及现实角度出发，改进CoVaR模型并对区域性风险进行相关测度具有较强的价值和重要意义。对于上市公司而言，经营业务多重化，企业间关系复杂，其尾部风险会更加突出，更需要关注其尾部损失的均值。为了更加准确地度量区域性系统性风险，预防区域金融风暴发生，本书基于尾部均值损失提出了一种新度量方法——CoCVaR（conditional value at risk）模型，并使用该方法度量2010年1月至2020年12月我国上市公司股票收益率对整体股票收益率的影响。

1.2.4.1 模型与方法介绍

（1）CoVaR模型。

VaR被称作"风险价值"或"在险价值"（value at risk，VaR），用于测量风险的大小，指在一定置信水平下，某一金融资产（或证券组合）在将来一定时间内的最大可能损失值。

随着风险管理实践的深入，人们逐渐发现VaR本身具有特定的局限性，其最大的不足在于它只能估计"正常"市场条件下资产组合的潜在风险，而不涵盖极端性的市场条件。针对VaR的缺陷，Adrian和Brunnermeier在2008年基于风险溢出效应视角提出了条件风险价值（conditional value at risk，CoVaR）。

CoVaR的数学表达式为

$$P\left(X^j \leq CoVaR_q^{j|i} | X^i = VaR_q^i\right) = 1 - q \tag{1-1}$$

其中，$CoVaR_q^{j|i}$表示金融市场j基于金融市场i的风险水平处于VaR_q^i时所面临的最大可能风险，包括无条件风险价值和溢出风险价值。将i对j溢出风险价值定义为$\Delta CoVaR_q^{j|i}$，通过数值关系描述风险溢出效应表达式为

$$\Delta CoVaR_q^{j|i} = CoVaR_q^{j|i} - VaR_q^i \tag{1-2}$$

由于不同的金融市场的无条件风险价值相差甚远，$\Delta CoVaR_q^{j|i}$不能充分体现风险溢出强度，为此对其进行标准化：

$$\%CoVaR_q^{j|i} = \left(\Delta CoVaR_q^{j|i} / VaR_q^i\right) \times 100\% \tag{1-3}$$

其中，$\%CoVaR_q^{j|i}$去除量纲影响，更加精确地体现出i发生最大可能损失对j的风险溢出强度。

CoVaR模型将风险溢出效应与流行的VaR相结合，而$\Delta CoVaR_q^{j|i}$准确有效地反映了单个金融市场对系统风险的影响程度和贡献度，更精确地体现了真实的风险水平。金融监管部门通过对风险贡献水平较高的金融市场实施严厉监管确保整个金融体系的稳定，这对关注整个金融系统风险的监管部门来说意义尤为重大。

（2）运用分位数回归测度CoVaR。

分位数回归方法是以古典条件均值模型为根本的最小二乘法的延伸，它通过多个分位函数对整体模型进行估计。Basset和Koenker在1978年第一次提出分位数回归思想，根据因变量所设定的条件分位数对各个自变量进行回归，由此可以得出全部分位数前提下的分位数回归模型，更全面地反映出因变量受自变量影响的状况。

为考察金融市场 j 产生风险对于金融市场 i 的风险溢出效应，创设以下 q 分位数回归模型：

$$R_q^i = \alpha + \beta X^i + \varepsilon \tag{1-4}$$

其中，X^i 代表 i 的收益率序列；α、β、ε 为估计的系数；R_q^i 是 q 分位数下超额收益 i 的估计值，根据风险价值的定义，它可以直接被定义为

$$VaR_q^i | R^j = \hat{R}_q^i \tag{1-5}$$

式（1-5）表示用分位数回归得到以系列 j 为根本收益 i 的预测值，已有条件 R^j（其中，R^j 代表 j 的收益率序列）的在险价值，进而得到相对应 q 分位数的参数估计值 $\hat{\alpha}$ 和 $\hat{\beta}$，则风险价值估计值为

$$VaR_q^i = \hat{\alpha} + \hat{\beta} R^j \tag{1-6}$$

根据 CoVaR 的定义，$CoVaR_q^{ij}$ 表示当 j 收益率处于其 VaR_q 水平时 i 的风险价值，用分位数回归的方法，CoVaR 的测度可以被简单定义为

$$CoVaR_q^{ij} = VaR_q^j | VaR_q^i = \hat{\alpha} + \hat{\beta} VaR_q^i \tag{1-7}$$

进而可以求得 $\Delta CoVaR_q^{ij}$ 和 $\% CoVaR_q^{ij}$。

（3）CoCVaR 及其测度方法。

CVaR（条件风险价值）是 Rockafeller 和 Uryasev 在 2000 年为克服 VaR 的缺陷发展出来的一种投资风险计量值，是投资组合的损失在大于某个给定 VaR 的前提下，该投资组合损失的平均值，其数学表达式为

$$CVaR_\alpha = -E[Y | Y < -VaR_\alpha] \tag{1-8}$$

与 VaR 相比，CVaR 满足正齐次性、次可加性、传递不变性及单调性，是一种一致性的风险计量值，可以通过线性规划算法来进行优化，正在被更多的组织投资者重视。

人们经常会设想投资组合的对数收益率服从正态分布，然而 Rachev 和 Mittnik 等指出金融资产的对数收益率在许多情况下不服从正态分布，并且具有尖峰厚尾的特征。运用 Laplace 分布对金融数据进行拟合并描绘均值邻近的异常尖峰，发现各阶矩有限，更切合金融理论的一般性。若随机变量 X 的分布密度为

$$LA(x, \mu, \sigma) = \frac{1}{2} \exp\left(-\frac{|x - \mu|}{\sigma}\right), \quad (-\infty < \mu < \infty), \quad (-\infty < x < \infty), \tag{1-9}$$

如果 x 服从参数 μ（位置参数）和 σ（尺度参数）的 Laplace 分布，记为

$$X \sim LA(\mu, \sigma) \tag{1-10}$$

则其分布函数如下

$$LA(x) = \begin{cases} \frac{1}{2} \exp\left(\dfrac{x - \mu}{\sigma}\right) & x \leqslant \mu \\ 1 - \frac{1}{2} \exp\left(\dfrac{\mu - x}{\sigma}\right) & x \geqslant \mu \end{cases} \tag{1-11}$$

设 x 为某金融资产损益的一个随机变量，服从分布 $LA(\mu, \sigma)$，对于给定置信水平 α 可得

$$\left.\begin{array}{l} VaR_\alpha = F^{-1}(1-\alpha) = \sigma \ln(2-2\alpha) + \mu \\ CVaR_\alpha = \mu - \sigma[1 - \ln(2-2\alpha)] \end{array}\right\} \qquad (1\text{-}12)$$

将 $-VaR_\alpha$，$-CVaR_\alpha$（两者都小于 μ）分别代入金融资产损益 X 的分布函数，得

$$\left.\begin{array}{l} LA(VaR_\alpha) = 1 - \alpha \\ LA(CVaR_\alpha) = \dfrac{1-\alpha}{e} \end{array}\right\} \qquad (1\text{-}13)$$

由此得出 VaR_α 相当于该分布的 $1-\alpha$ 分位数，$CVaR_\alpha$ 相当于该分布的 $\dfrac{1-\alpha}{e}$ 分位数。利用 Laplace 分布对 VaR 和 CVaR 测度中所得的结论可知，CVaR 可以转换为收益率分布中一个与事前设定置信度有关的分位数，而 CoCVaR 本质上是一个条件 CVaR。由此，可以利用分位数回归法对 $CoCVaR_\alpha^{ji}$ 进行具体测算。

$CoCVaR_\alpha^{ji}$ 表示在置信水平 q，金融市场 i 的风险水平处于 CVaR 条件下金融市场 j 面临极端风险的大小。定义为

$$CoCVaR_\alpha^{ji} = CVaR_\alpha^j | CVaR_\alpha^i = E\left[X^j | \left(X^j < VaR_\alpha^j \cap X^i = VaR_\alpha^i\right)\right] \qquad (1\text{-}14)$$

综上所述，在风险水平处于 CVaR、置信度为 α（$0<\alpha<1$）的条件下，$CoCVaR_\alpha^{ji}$ 的计算公式为

$$CoCVaR_\alpha^{ji} = \hat{\alpha} + \hat{\beta}(X^i = CVaR_\alpha^i) \qquad (1\text{-}15)$$

其中回归系数的估计值 $\hat{\alpha}$ 和 $\hat{\beta}$，可以通过分位数回归求得。

1.2.4.2　实证分析

数据选择：本书选取 500 家收益率较高的上市公司的股票日收盘价作为研究对象，从 2010 年 1 月 4 日开始取样，截至 2020 年 12 月 31 日，共 358 只股票数据。数据包括两次经济衰退（2011 年 9 月和 2014 年 12 月）和一次金融危机（2011 年欧洲债务危机），在此时间段存在极端风险，观测样本具有很好的代表性和研究价值。以各股票收盘价的算术平均值作为总体的收盘价，样本中共有 1702 个交易日的观测值，所有数据均来源于 Wind 数据库。

为使数据具有代表性，删除观测数不足的上市公司股票数据，处理剩余 329 只股票数据，对收盘价数据以对数收益率 $R_t = 100 \times (\ln P_t - \ln P_{t-1})$ [①] 做标准化处理。

1.2.4.3　区域性风险的具体测算

（1）基于 CoVaR 法的区域性风险测算。

在显著性水平为 5% 的条件下，通过 Laplace 假设分布对原数据进行求解得

$$VaR_\alpha = \hat{\sigma}\ln(2-2\alpha)+\hat{\mu}。 \tag{1-16}$$

计算所有股票对数收益率的 VaR，最小的30个股票名称及对应的 VaR 如表1-1所示。

表1-1　VaR 最小的30只股票

股票名称	VaR	股票名称	VaR	股票名称	VaR
冠昊生物	6.87028	拓日新能	5.94111	世荣兆业	5.74001
融捷股份	6.19781	宝莱特	5.91354	信维通信	5.73425
纳思达	6.16350	深圳惠程	5.90013	佳创视讯	5.73244
粤泰股份	6.12482	南坡A	5.84532	华帝股份	5.69951
东阳光科	6.12433	中金岭南	5.83134	麦达数字	5.69491
绿景控股	6.09785	深天马A	5.82511	雪莱特	5.69003
华金资本	6.03508	东方锆业	5.76701	智光电气	5.67510
皇庭国际	6.03123	金信诺	5.76631	德赛电池	5.66911
雷曼股份	5.99430	香江控股	5.75971	方大集团	5.66156
特力A	5.96813	长青集团	5.75278	沃尔核材	5.65172

①P 为股票收益率。

2011年金融危机对我国经济造成显著影响，各股票 VaR 明显下降，VaR 风险快速增大；2012年之后政府增大对风险的重视度，风险逐渐减小。通过 $CoVaR$ 可以衡量某上市公司发生最大可能风险损失时总体受到的风险溢出状况，$CoVaR^{j|i}$ 表示机构 i 处于最大可能风险条件下机构 j 的最大可能风险，$\Delta CoVaR_q^{sys|i}$ 量化了机构 i 处于危机与稳定时系统性风险的差值，为各个上市公司的风险溢价部分。样本对数收益率的 $\Delta CoVaR$ 的直方图如图1-1所示。

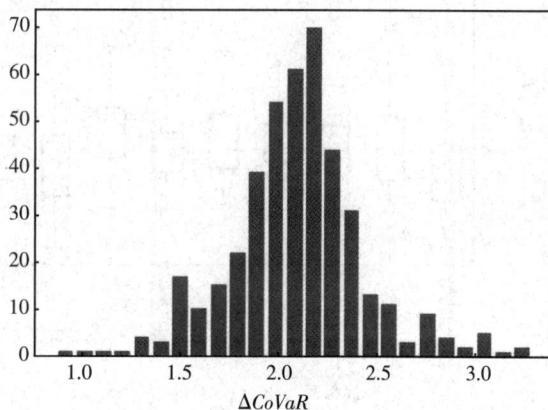

图1-1　$\Delta CoVaR$ 的直方图

由图1-1可以看出，各股票对数收益率的 $\Delta CoVaR$ 在分布上趋于 [2.0，2.5]，且都是大于零的，即所有上市公司在处于危机时，都会增大总体的系统性风险。$\Delta CoVaR$ 最小的30个上市公司及其对应的 $\Delta CoVaR$ 如表1-2所示。

表1-2 ΔCoVaR最小的30只股票

股票名称	ΔCoVaR	股票名称	ΔCoVaR	股票名称	ΔCoVaR
顺络电子	2.565074	广聚能源	2.407069	保利地产	2.364804
莱宝高科	2.538935	中兴通讯	2.404308	国光电器	2.359245
拓邦股份	2.484531	粤水电	2.398569	中国平安	2.355104
南玻A	2.473082	御银股份	2.398335	珠海港	2.353258
劲嘉股份	2.465280	东信和平	2.388481	中信海直	2.339781
中金岭南	2.448795	深桑达A	2.382989	麦达数字	2.329947
芭田股份	2.439019	生益科技	2.371425	万科A	2.323350
深圳惠程	2.433436	科陆电子	2.370338	中炬高新	2.323048
远光软件	2.430295	天健集团	2.370261	华发股份	2.322855
格力电器	2.422427	中远海特	2.368321	飞亚达A	2.320206

金融危机对经济的稳定造成了严重破坏，显著扩大了总体系统性风险，在2010—2011年出现一个较大的低谷。金融危机后，政府重视风险监管，完善相关制度，2013—2015年的ΔCoVaR逐渐增大，系统性风险的影响逐渐降低。利率汇率市场改革加速，国家引导民间资本进入金融业，同业业务泛滥、流动性差、影子银行数量爆发式增长，在2011—2013年出现一个小低谷，该时间段内上市公司发生危机会在一定程度上扩大总体系统性风险。根据对ΔCoVaR的测算结果，做出行业分类后的ΔCoVaR箱线图，如图1-2所示。

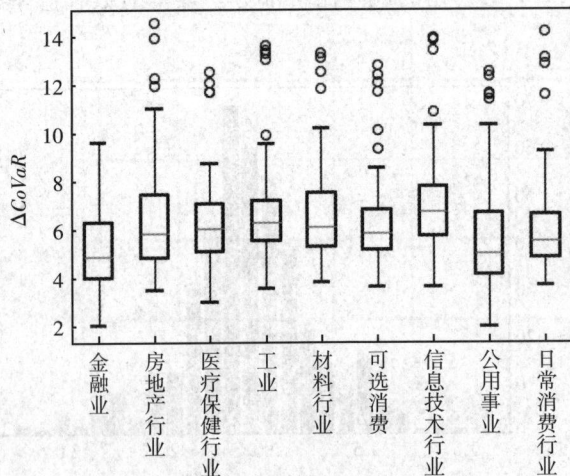

图1-2 行业分类后的ΔCoVaR箱线图

由所在行业ΔCoVaR箱线图可以看出：房地产行业、金融业、公用事业存在较小的ΔCoVaR，当发生危机时会极大地扩大总体系统性风险；日常消费行业、信息技术行业、医疗保健行业存在较大的ΔCoVaR，发生危机对系统性风险影响相对较小。

根据对ΔCoVaR的测算结果，做出ΔCoVaR和公司上市时间散点图，如图1-3所示。

由ΔCoVaR和公司上市时间散点图可以看出：对于2011年前的上市公司，ΔCoVaR相对较离散且具有较小的值，发生危机造成的影响较大；对于2014年左右上市的公司，ΔCoVaR较为集中且具有较大的值，发生危机造成的影响较小。早期国家政策相对不健全，上市公司在行业内可能充当引领者的角色，导致ΔCoVaR较为离散；后期相关政策健全，国家重视风险的控制，ΔCoVaR值较为集中，对系统性风险的影响程度减弱。

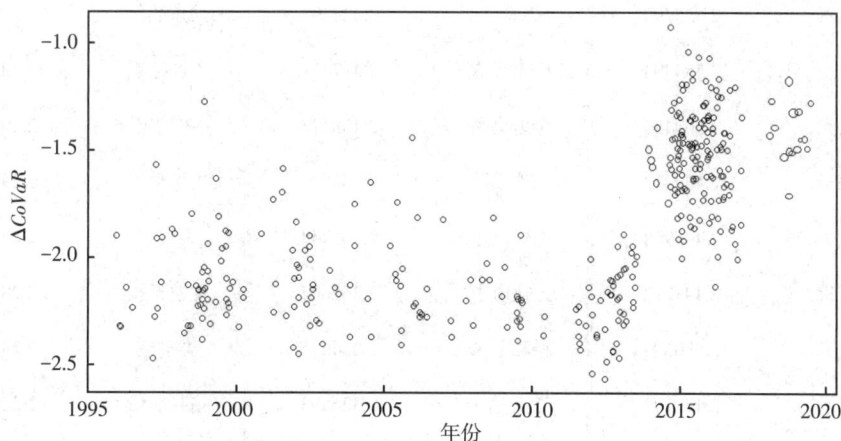

图1-3 ΔCoVaR和公司上市时间散点图

（2）基于CoCVaR法的区域性风险测算。

计算所有股票对数收益率的CVaR，CVaR最小的30个股票名称及对应的CVaR如表1-3所示。

表1-3 CVaR最小的30只股票

股票名称	CVaR	股票名称	CVaR	股票名称	CVaR
冠昊生物	9.822735	深圳惠程	8.488109	华帝股份	8.208304
融捷股份	8.900432	拓日新能	8.477853	信维通信	8.185903
纳思达	8.825786	宝莱特	8.428431	德赛电池	8.174631
东阳光科	8.819804	南坡A	8.422744	金信诺	8.155780
粤泰股份	8.812514	中金岭南	8.410710	雪莱特	8.148428
绿景控股	8.766850	深天马A	8.385509	方大集团	8.145429
皇庭国际	8.691086	香江控股	8.287475	中船防务	8.145381
华金资本	8.691052	东方锆业	8.283626	麦达数字	8.139545
特力A	8.582631	世荣兆业	8.266021	格力地产	8.132697
雷曼股份	8.539161	长青集团	8.218294	佳创视讯	8.127130

CoCVaR能够衡量某上市公司发生极端风险损失时在此条件下总体可能发生的极端风险损失，各股票对数收益率的ΔCoCVaR在分布上趋于［1.8，2.7］，即当所有上市公司处于极端危机时，会增大总体的系统性极端风险，ΔCoCVaR最小的30个上市公司及对应的ΔCoCVaR见表1-4，直方图见图1-4。

表1-4　ΔCoCVaR最小的30只股票

股票名称	ΔCoCVaR	股票名称	ΔCoCVaR	股票名称	ΔCoCVaR
格力电器	2.655790	万科A	2.425295	劲嘉股份	2.308255
保利地产	2.554394	广电运通	2.417771	深圳惠程	2.305810
大族激光	2.509450	金地集团	2.408198	ST中富	2.293503
得润电子	2.499272	丽珠集团	2.368552	中国平安	2.292222
顺络电子	2.496968	中炬高新	2.366758	康达尔	2.291601
莱宝高科	2.494212	证通电子	2.361607	生益科技	2.284661
德美化工	2.480685	科陆电子	2.334575	粤水电	2.281774
超声电子	2.456709	飞亚达A	2.326593	拓邦股份	2.280862
金发科技	2.444016	广东榕泰	2.320899	广东明珠	2.276058
中远海特	2.429575	博信股份	2.309231	深大通	2.270990

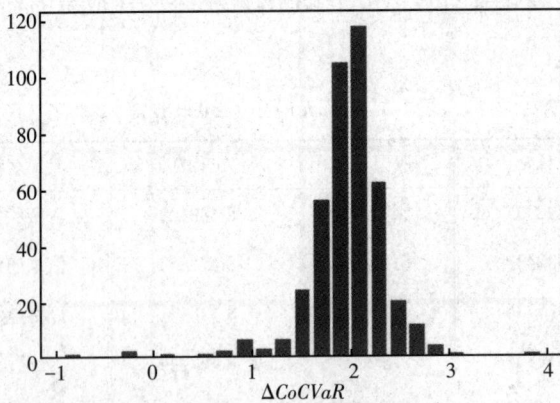

图1-4　ΔCoCVaR的直方图

从图1-5至图1-7可以看出：房地产行业、金融业、公用事业、能源类企业存在较大的CoVaR和CoCVaR，这些行业的企业处于极端情况时，对区域实体经济市场的风险溢出较大；日常消费行业、信息技术行业、医疗保健行业存在较小的CoCVaR，这些行业的企业发生危机时，对区域实体经济市场的风险溢出较小。

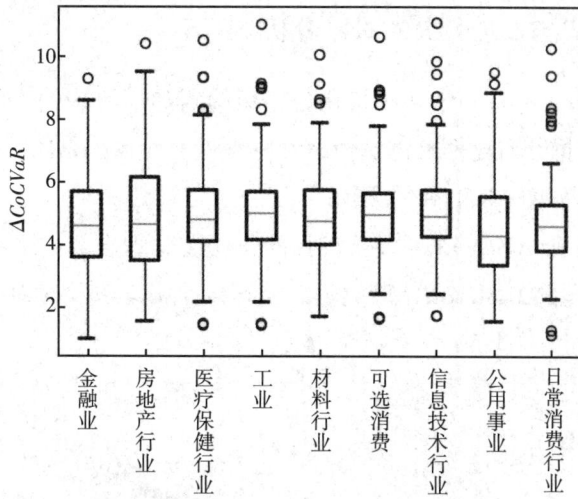

图1-5 行业分类后的Δ*CoCVaR*的箱线图

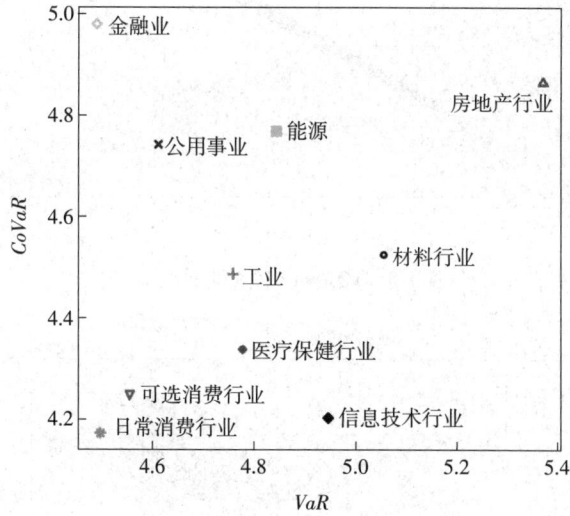

图1-6 *VaR*与*CoVaR*行业对比

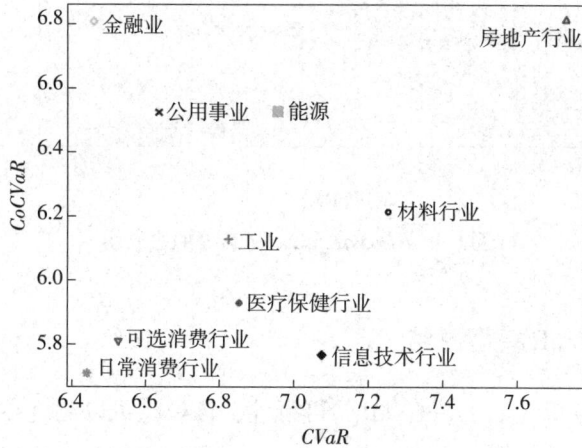

图1-7 *CVaR*与*CoCVaR*行业对比

1.2.4.4 *CoVaR* 与 *CoCVaR* 的对比分析

CoVaR 和 *CoCVaR*，都是测定在某机构处于风险时另一机构的风险测量值。通过某类上市公司收盘价数据，对比两种测量值，并分别做 *VaR* 和 *CVaR* 的散点图、Δ*CoVaR* 和 Δ*CoCVaR* 的散点图，如图1-8和图1-9所示。

图1-9中Δ*CoVaR* 和Δ*CoCVaR* 呈现出较强的正相关，拟合线之上的上市公司在同等Δ*CoVaR* 水平处有较大的Δ*CoCVaR*，该类上市公司发生极端风险时对总体系统性极端风险影响较小。

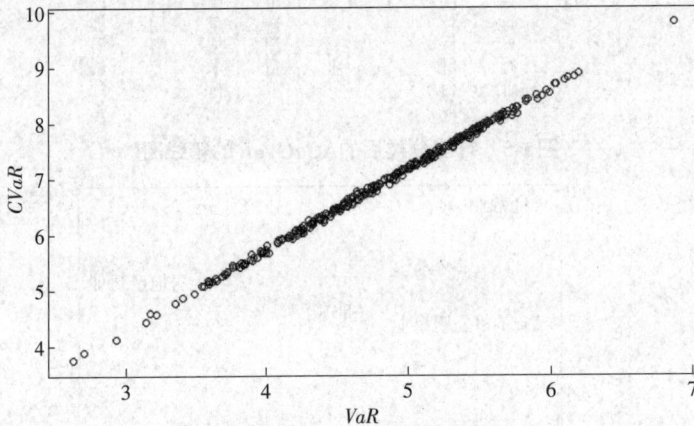

图1-8 *VaR* 和 *CVaR* 的散点图

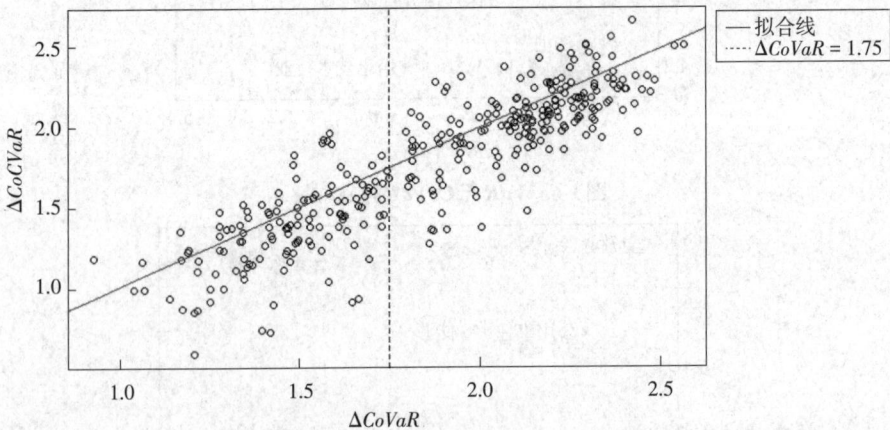

图1-9 Δ*CoVaR* 和Δ*CoCVaR* 的散点图

1.2.4.5 CoCVaR 模型总结

本书通过实证分析验证了CoCVaR的可行性，该模型可以测度在金融机构（或金融市场）产生极端风险的前提下，整个金融市场的极端风险，为金融风险的预防工作提供了一个新的测量模型。与传统 CoVaR 模型比较发现，该模型可以更好地测度风险的全面性。极端风险产生的可能性虽然很低，但其引发的危害是巨大的，对于监管部门来说是不容忽视的。仅用该模型进行风险的测度是不够全面的，通过与其他风险测度模型（如 CoVaR 模型）进行适当有效的结合，可以更全面地测度金融风险，为防止金融风险的发生提供有力的保障。

不同的行业在处于风险状况时，对本国股票市场的集体系统性风险的影响水平不同，即不一样的行业对于股票市场的重要水平有所不同，在对某股票市场系统性风险进行监控的时候，应着重关注对系统风险影响程度较大的行业，如信息技术行业、工业及房地产行业。

房地产行业、金融业、能源类企业、公用事业存在较大的 CoVaR 和 CoCVaR，这些行业的企业处于极端情况时，对于区域实体经济市场的风险溢出较大；日常消费行业、信息技术行业、医疗保健行业存在较小的 CoCVaR，这些行业的企业发生危机时，对于区域实体经济市场的风险溢出较小。

从单个企业的 VaR、CVaR、CoVaR、CoCVaR 指标分析，大型企业（如平安、招行、保利、中兴、格力、神州）具有较高的 CoCVaR 和较低的 CVaR，即它们的自身抗险能力较强，但对于整个珠三角地区的区域性系统性风险溢出较大。一些小型制造业（材料）和信息技术企业，会有较低的 CoCVaR 和较高的 CVaR，它们的自身抗险能力较差，但对区域或系统经济的影响较小。

应注重我国实体经济运行对于证券市场系统性风险的影响，并对证券市场买卖过程进行实时监测以及创立合理的预警机制，国家在制定宏观经济政策时应该考虑其实施后可能给证券市场带来的影响。对证券市场系统性风险及实际已经发生的系统性风险状况进行分解，通过当代先进的计算机技术建造虚拟市场，对于各种可能的情况进行模仿，建造系统性风险的情景池。

1.3　研究结构和研究方法

1.3.1　研究结构

本书的研究由企业关联和系统性风险引出，然后介绍企业的风险特征和风险传染，以企业间的社会网络为例刻画风险管理方式，最后提出宏观审慎监管方式和结论，主体内容如下。

第 1 章介绍企业关联和系统性风险，介绍了本书的研究背景并提出研究问题，阐述了研究意义，主要对企业间关联和系统性风险等相关概念进行界定并梳理研究思路、研究方法，最后对本书的创新点和不足之处进行说明，为后文正式开始论述企业间复杂网络和企业风险等问题提供研究框架。

第2章是企业风险特征和风险管理理论基础与文献综述，主要对本书所研究内容相关的理论和方法进行阐述和归纳，具体涉及的理论包括企业财务风险理论、风险承担理论、复杂网络理论等。在此基础上梳理文献中关于研究问题的新的视角和观点，把握最前沿的研究动态，完成对相关理论研究的补充，为下文展开具体研究打下坚实的基础。

第3章是对企业间高管网络与财务风险关系的分析。首先，建立企业间高管网络，考察网络节点中心性、聚类系数、平均最短距离等统计特性，以及它们的时变特性，考量高管网络的动态变化，拓展企业间关联的研究范围；其次，以资源传递、互惠、高层梯队和信息决策理论为依据，分析上市公司的高管联结现象对于公司获取信息资源、投资机会等信息的重要作用，进而量化企业降低财务风险的指标；最后，进行融资约束在高管网络影响财务风险过程中的中介效应检验、区域发展的调节效应检验、内生性检验和稳健性检验，全面地论述高管网络紧密程度对财务风险的影响，进而为防范风险传染提供实证，为企业有效防范化解财务风险、控制风险传播提供有力支持。

第4章构建了全国A股上市公司间股东网络模型，研究了股东网络与财务风险的关系。首先，验证了国有大中型企业及大规模私企处于网络中心位置，与其他节点关联紧密。这些企业一旦发生财务危机，波及面较广，对整个区域的经济可能会产生较大影响。其次，介绍了东部和中部地区关联的企业间的相互作用，阐述了地方经济对区域性系统性金融风险抑制作用的机理。最后，分析了内部控制在股东网络与企业财务风险关系间有显著的调节效应。

第5章和第6章依托前文研究，设计系统性风险的宏观审慎监管策略，并提出政策建议。

1.3.2 研究方法

本书运用微观经济学、计量经济学、统计学等相关理论对企业风险管理进行深入研究，采用复杂网络和实证分析等方法对企业风险特征演变和经济金融体系风险传染问题进行多角度探索。同时，借鉴信息资源传递理论、互惠理论、高层梯队理论、信息决策理论等经济管理的研究方法，验证和挖掘企业间通过社会网络多维联系的机理、网络之间的相互牵制、风险传染的内在联系等，为经济金融市场监管提供可靠的制度和证据保证。

1.3.2.1 文献调研

涉及区域性系统性金融风险及复杂金融网络相关研究的文献浩如烟海，但关于实体经济多层网络尤其是其风险的度量、传导研究的文献并不多见，要充分调研、了解目前此类研究的相关成果及其缺陷，开拓新的研究思路。

1.3.2.2 社会网络理论方法

确立以企业为节点的复杂网络分析系统，探讨企业间具有的共同股东和共同高管的社会关系，并考虑股东高管之间纵向兼任形成的相互制约和相互依赖关系，建立企业股东网络、高管网络和多层网络等社会网络理论体系和模型，得出不同社会联系下企业间关联者多种行为对企业造成的正向和负向作用，以及对金融市场带来的整体性影响。

1.3.2.3 复杂网络统计特征分析方法

企业间的股东网络、高管网络及股东—高管多层网络，同属社会网络的构建体系，适用复杂网络统计特征的理论和计算方式。结合复杂网络中拓扑指标的计算分析过程，如节点的各中心性、密度、连通分量、聚类系数、平均最短距离、鲁棒性、社群聚集，多层网络的层间相似性、度相关性、边重叠数等，监测网络动态演化过程，识别关键节点和重要连接，考察网络的社会关系联动情况。

1.3.2.4 实证方法

本研究将选取 2010—2019 年全部 A 股上市公司作为样本，在面板回归的同时，考察不同变量的中介效应、区域调节效应，结合稳健性检验、内生性检验，为企业的网络影响因素提供实际证据基础，也为市场协同治理提供政策建议。

1.3.2.5 定性与定量结合的方法

采用定性方法分析企业间网络的形成机制、不同社会关系构成的企业内部风险管理策略和经济金融市场多渠道风险传染机制，采用定量分析方法研究社会网络中企业主体行为指标和相关控制策略指标的改变对企业间市场风险传染的影响。

第2章　企业风险特征与风险传染

2.1　企业风险理论研究

2.1.1　企业内部风险的研究

风险的内涵是研究风险管理理论的原点，因此，在研究风险管理之前需明确风险的含义。风险在不同的领域有不同的定义：有学者认为风险是指出现亏损的可能性；或将风险定义为未来出现亏损的可能性；叶青（2000）指出风险意味着在一定时期内，存在事先不能加以控制的因素、风险事件和风险结果逐渐连接呈现的不确定性。朱淑珍（2002）基于其他学者对于风险的表述，对风险定义如下：在特定的时间段和前提下，因经营收益和经营亏损的未知性而受到的亏损水平，通常以亏损大小与发生亏损的概率作为衡量风险大小的标准。张俊霞（2013）认为，企业风险是指企业的实际绩效偏离预期，对实现上市公司目标有积极或消极影响的一系列不确定因素。通常，企业风险分为外部风险和内部风险。Quon（2012）指出，企业内部风险主要是由企业自身原因引起的，外部风险是由企业外部因素造成的。企业内部风险与企业外部风险不同，大部分是可以控制和避免的。提升企业抵御财务风险的能力和增加风险承担水平是缓解内部风险的核心要务。

全球系统性风险隐患不断凸显，进一步加剧了企业的财务风险，而财务风险是最常见和最具代表性的整体性内部风险（将系统性风险与企业的内部风险联系起来），故学者往往以财务风险作为企业内部风险的代表展开研究，本书将在2.1.2节着重对企业财务风险进行介绍。Lumpkin等（1996）指出，企业风险承担是企业在对投资活动做出决断时的风险选择和风险偏好，反映出企业愿意为追求高利润所付出的倾向。企业风险承担是本书研究的另一重点，将在2.1.3节展开说明。员工风险、采购风险、创新风险等企业内部风险，会对企业的财务风险和风险承担起到融合作用和连锁效应。

员工风险。管理层在企业规避和抑制风险的过程中发挥着不可替代的作用。管理层在文化程度和工作经验等方面存在巨大的差异，管理层跳槽的情况时有发生，不同部门之间知识结构的偏差等因素，导致管理层不能承担起推动企业经营发展的重任，在管理上出现工作疏漏，使企业面临人员变化的风险。不仅如此，员工风险还体现在管理者在风险控制方面存在漏洞，员工自身职业操守达不到企业风控标准等。若企业员工在能力、素质等方面存在欠缺，则会给公司带来损失。由此看来，员工在道德水平、职业素养、知识储备、工作经验上的差距，对企业而言都是未知的内部风险。

采购风险。采购风险是指在原材料的购买过程中存在的一些问题。例如：生产原料的购买评估达不到生产需要或者远远多于生产需要；生产货品不满足订单标准；供给方生产效率慢，不能按时供给；进行采购的工作人员存在过失；工作人员与供给商出现违法交易等。以上任意一种情况都会对采购方案的顺利实施产生负面影响，会产生一定的风险。

创新风险。对于一个企业而言，科技创新能力是企业高效发展的源泉，即使企业的主营业务不是高科技方面，也会对新技术有一定的要求，需要不断更换新设备。因此，当企业不能及时捕捉到新的技术，将会使企业面临创新不及时的风险。

决策风险。决策风险说明的问题是在对生产经营活动的决策过程中，存在主观、客观等未知性因素，导致生产经营活动的收益结果远低于初期目标。决策不只是企业运行中的管理过程，还与主观因素息息相关，比如决策者的倾向和实时判断等。管理层决策不当所造成的风险主要来自决策目标、决策行为等。由于企业对于决策机制越来越重视，客观因素造成决策风险的情况逐渐减少，但主观因素造成决策风险的情况逐渐增多。

管理风险。尽管企业的运营管理水平有很大不同，但多数企业的管理者和决策者更关心企业的高收益，企业的管理大部分采用宽进宽出的模式。企业在开展项目活动时，普遍将关注点放在项目收益和市场需求上，常常不重视开展项目所需的成本及内部管理，从而降低了资源配置效率。目前来看，我国企业的内部控制制度还存在不完善的地方，企业管理各阶段之间信息共享还不够及时（钟映紫，2018），且内部控制的实施缺乏执行力和实时性，会造成极大的管理风险。

法律风险。企业的法律风险的定义是在合约的基础上给出的，指为达到目标而不能按照法律要求执行合约、合约存在问题等情况引起的风险。企业发展中的法律风险主要为在经营活动中因合同执行不规范而产生的风险。我国的法律法规几乎涵盖了企业的所有经营活动、生产活动、销售活动、供应活动、财务活动等。企业生产活动中的合同风险大部分出现在企业与其他部门签订合约的过程中，绝大多数为因法律意识薄弱而产生的违法风险，还包括企业与其他部门在签订合同过程中存在分歧而产生的风险。

技术风险。技术风险用来反映企业技术开发过程中存在的一些问题。由于企业技术上存在的不完善性而给企业收益带来负面的影响即技术风险。目前企业技术风险主要反映为研发更高效的生产技术、获取新的生产原料等过程带来的风险。

信用风险。企业信用风险是指企业的不守信行为带来的风险。当企业与合作方签订合约，合作方不能按照合同规定履行其责任而出现违约行为，可能因此给企业带来损失的风险就是信用风险。

总结有关企业内部风险研究，风险的特征表现在如下七个方面。

（1）客观性。

企业在日常的经营活动中，会面临很多风险，这些风险是不可避免的，客观存在于企业的生产经营活动中。风险管理的出发点是能够提前预知风险发生在什么时间段，从而降低风险所带来的亏损。风险并不是仅仅发生在企业的某个活动，而是存在于企业活动的整个过程中，企业的未来是不确定的，破产和倒闭不一定在什么时候发生，并不会因国家和机构不同而有所不同。因此，客观性（或真实性）是企业风险本身固有的特性。

（2）未知性。

在企业经济活动中，未来市场的变化是不可预测的，所以企业在进行活动的过程中所面临的风险是不确定的。企业风险产生的原因是非常复杂的，风险的形成一般是不容易把握的。除此之外，在经济良好的环境下，企业面临的风险容易被经济主体忽视，也很容易被遮掩。尽管如此，未知性仍然是企业风险的基本特征。

（3）传染性。

风险可以在企业与市场之间、企业与企业之间传播，所以具有传染性。可以从时间和空间两个维度来理解企业风险的传染性：从时间上看，由于传染性的存在，消除风险不是一蹴而就的，而是需要一定时间的，比如几个月甚至几年；从空间上来看，风险由于传染性的存在，会造成局部效应，若风险力度很大则有可能引发整个经济市场危机。现如今，企业之间的合作越来越注重信用，企业之间因为信用往来、经济活动紧密联系在一起，企业之间相互影响、相互制约构成一个复杂系统，由此也为风险提供了传染路径，所以风险存在的传染特征会导致所有市场部门出现同进度的昌盛与衰退。除此之外，随着经济国际化的发展，风险的传播范围加大，常常出现跨国传染现象，甚至造成全球经济危机。根据上述分析可知，企业风险具有多米诺骨牌效应。

（4）亏损性。

风险本身意味着事件在未来可能产生的结果存在不确定性。这种不确定性具有双面影响（积极和消极）。积极影响通常会给企业收益带来正面效应，但消极影响给企业带来的亏损更加值得探究。亏损性是企业风险的显著特征。企业通常不会看重给自身带来收益的积极影响的风险，而会随时关注能够带来亏损的消极影响。

（5）多样性。

企业在活动过程中所面临的风险都是具体的风险，如财务风险、信用风险等，即使同种类型的风险在不同的经济环境中，风险的内容和损失程度也会不同。因此，多样性是企业风险的重要特征。

（6）周期性。

企业风险的周期性主要源自货币政策与经济市场环境的周期特性，企业风险的周期性是指企业风险出现高低变化的规律特征。学者基于经济周期理论研究，发现稳定的金融体系对经济周期的波动有一定的冲击力，经济的衰退和发展常常与金融资产的收缩和膨胀紧密联系在一起，从而企业风险也跟着增大或降低。综上可知，企业风险存在周期性。

（7）双重性。

企业风险的双重性（双面性）可以从它的影响说明。企业风险对企业生产经营具有正向影响和负向影响，在企业的风险管理过程中，超额收益的可能性往往被排除，管理者更强调和重视实现资源配置后负向影响（损失）的可能性。

2.1.2　企业财务风险的研究

企业内部风险主要是由企业自身引起的，而财务风险是最常见和最具代表性的整体性内部风险，所以本书对企业的财务风险展开研究。全球系统性风险隐患不断凸显，进一步加剧了企业的财务风险。企业财务风险表现为无法偿还到期债务及赢利能力和水平持续下滑甚至破产，会影响企业的生存和发展（计小青，2012），同时会造成其他经济主体利益的损失。财务风险的爆发极易引发系统性金融风险，企业财务风险管理的有效实施，不仅可以帮助企业或利益相关主体免受重大经济损失，也能从源头上防范风险的传染和系统性金融风险的发生。本节主要对企业财务风险的相关研究做出综述。

企业的财务风险通常从广义和狭义两个角度阐述。企业债务风险即狭义上的财务风险，而广义上的财务风险涵盖了企业经营活动中所有与财务相关的可能导致企业存在负面效应的不确定性因素。Larson（1992）认为财务风险指的是上市公司缺乏现金流而导致公司无法按时归还债务的风险。卢大新（1999）认为企业生存的前提是发展，企业发展需要雄厚的资金支撑，然而企业自身资金不能满足其自身的发展，因此负债经营是必然行为，企业在负债经营中的风险就是财务风险。汪平（2008）研究指出财务风险源于企业对负债管理的欠缺和清偿活动无法如期实现。为更好地进行企业财务风险管理，国内外学者着重关注企业财务风险的形成原因。

第一，企业外部原因，如资本市场竞争和宏观经济特征等。朱武祥（2002）探讨了企业在面临激烈的市场环境时，融资行为偏保守，债务规模降低；李秉成等（2019）研究货币供应量通过金融工具对企业财务困境的作用及风险传导机制。王竹泉等（2019）深度解析了资金效率的不充分利用使得财务风险被过高估计的中国实体经济发展状况。

第二，企业内部原因，主要包括公司治理因素和财务特征因素。Altman（1967）最早提出使用多个财务指标建立判别函数以衡量企业的财务风险。随着研究的深入，有些学者在分析财务困境时加入了新的指标，Srinivasan（2005）指出独立董事会对企业财务风险产生抑制作用。

第三，高管层面原因，重点指的是企业高管的财务经历、利己心理和个人行为特点。姜付秀（2012）发现企业高负债受管理者财务经历的深度影响，财务经验丰富的高管在投融资和资金管理方面更能做出最优策略。文磊（2015）基于在深圳、上海两市上市的房地产企业数据，发现高管团队平均年龄和教育背景都对财务风险产生调节效应。以往的研究更多关注企业本身在财务困境中的摆脱与发展，忽视了造成财务风险的高管决策的作用和高管的社会关系属性对风险传播的影响。但研究者近年来通过企业间的财务关联、上下游企业的商业信用、资金担保关系、客户关系、股权关系、投资关系等层面构建关联网络，发现财务风险传染是金融风险发生的关键因素。综上分析可知，财务风险因其具有复杂性和传染性，相较于其他企业内部风险更具有不确定性因素。

诸多学者基于"掏空"和"救助"的关联交易理论对企业财务风险展开研究。关联交易是指互为关联的双方之间交换资源、劳动力等行为（史永 等，2018）。市场环境中独占现象的存在，增加了企业进行生产生活、市场参与的成本，导致企业积极寻找非正式的交易渠道。企业自身创造的交易市场以内部的形式展现，实现对企业生产活动的统筹安排从市场机制到企业自身的转变。可以看出企业之间的关联交易现象不仅可以为企业降低成本，还可以提高企业的组织管理水平。因此企业将交易成本与自我管理成本的比较作为行动的标准。当可避免的交易成本大于管理成本时，企业便会与其他企业之间发生交易；若减少的交易成本小于管理成本，企业便不会进行关联交易。根据关联交易理论，企业自身的管理机制越完善（自身综合实力越高），采用关联交易带来的收益越高。在企业进行关联交易的过程中，当某企业发生财务危机时，与其关联的企业会根据关联交易理论来选择"掏空"或"救助"行为。

2.1.3 企业风险承担的研究

当企业不可避免地面临风险时，其承受能力又该如何去界定？由此，对企业风险承担水平展开一系列深入的研究。陈小鹏（2021）指出企业风险承担水平是活动决议的关键部分，明确企业风险承担的定义是研究它的前提。将风险承担定义为企业在实现经营目标的过程中愿意为之付出成本的意愿，对于其含义的影响不能从"风险"和"承担"两个部分来理解，应把"企业风险承担"看成一个整体。Massa 等（2009）从净现值法则出发，认为企业风险承担是对净现值大于零的项目的选择。Lumpkin 等（1996）指出，企业在市场经营活动中为获取高收益而付出成本的倾向可以测度企业风险承担，并认为企业风险承担可以作为经营者对未来市场环境变化的判断标准。随着投资理念的日趋成熟，John 等（2008）认为企业风险承担是指在进行项目选择时，对每个项目通过分析预期收益和现金流不确定性两个方面进行研究和选择，预期收益的不确定性便是其风险承担行为的结果。Kempf 等（2009）和 Faccio 等（2016）通过研究指出企业风险承担在很大程度上取决于对高风险高回报机会的投资兴趣。而 Boubakri（2011）存在另一个角度的看法，他认为企业风险承担是企业在投资选择时对亏损可能性高的项目的决策。根据 Hoskisson 等（2017）的总结，企业对资源的合理配置中时刻体现风险承担水平的变化和差异，如企业投资决策行为、集资行为、创新管理，等等，而且提升企业风险承担水平也成为决定经营管理绩效的保障。

对于风险承担水平的研究，学者们多是基于社会、企业和个体三个层面对其影响因素进行探究。具体表现为根据资源依赖理论，企业的经营发展依赖外部环境，必须与其所处的社会环境进行资源互换，因此，经济水平、政治制度和环境变化等都是企业风险承担的主要影响因素（林朝颖 等，2015；Mclean et al.，2014）；企业的发展还与自身属性特征相关，企业治理因素（如股权结构、董事会结构）和企业自身特点（如规模、成长性等）会在微观层面为企业提供融资或投资渠道，从而可以促进企业风险承担水平的提高（郑晓倩，2015；Habib et al.，2017）；基于高阶理论，高级管理人员作为企业的经营管理者，其个人特征、风险偏好等会对风险承担水平产生影响（Niessen et al.，2019；何飞露，2017；叶蓁，2017），尤其是高管的信息沟通和共享能力，可以为企业节省大量的信息成本与交易成本。上述影响因素在为企业风险承担带来变化的同时又会造成一系列的经济后果，学者发现风险承担与企业价值呈正相关。市场中不同资产间的风险和收益是相匹配的，高风险一般伴随着高收益。从经济整体环境来看，企业风险承担一般被认为是积极现象，它能够显著促进股东财富的增长（李文贵 等，2012）；企业的风险承担水平越高，资源利用效率越高，越有助于显著提高企业的商业价值（余明桂 等，2013）。所以，企业的高管和股东在获得投资项目信息、资金、技术等风险承担的资源时，会主动选择高风险项目以提高企业风险承担水平。

学者在关注企业所处经济环境和本身经营发展状况的同时，也意识到企业间资金流转和资源互换会对企业风险承担产生更直接的作用，而复杂网络的发展，为企业风险承担探析提供了新的研究视角。通过对社会网络的研究发现，网络越丰富，债务融资能力就越强，研发投入增长越快，对风险承担就有越显著的促进作用（张敏 等，2015；徐毛毛，2019）。由于企业与企业之间存在着各类关联关系，当其中一家企业面临风险时，与其有关联的企业是否会受到影响？风险通过何种途径在企业之间传染？传染范围有多大？受到影响的企业承担风险的水平有多高？

2.2　企业间风险传染的理论基础研究

2.2.1　企业风险传染性的研究

对企业风险的描述，最主要、最本质的特征就是风险的传染性（靳玉英 等，

2013)。企业在发展过程中不仅受自身条件的影响，还受经济市场外部环境的制约，随着市场环境的变化，企业之间的竞争逐渐激烈化，企业在发展过程中遇到的不确定性加大，导致企业面临的风险也加大。从风险的性质上可以看出风险具有可传染性，企业与企业之间存在着各类关联关系，为风险传染提供了途径，造成了传的客观存在。随着科技的不断进步、社会分工的逐渐专业化，企业与企业之间的联系更加密切，风险在企业之间传染的现象逐渐增加。从宏观经济层面来看，风险的传染性会经过传染渠道进入整个市场经济体系之中。从实体经济和市场主体角度考察，企业之间由于某种利益关系紧密地联系在一起，为风险传染提供了内部传导途径，比如企业集团之间构成内部市场的采购、分销的联系而引起的风险传染等。

企业风险的传染性可以从狭义和广义两个角度阐述。从狭义上来说，企业不是一个孤立的组织，企业的发展不仅与自身的管理系统有关，还受到外部市场环境变化的影响。外部市场环境中的未知性因素的存在即风险，风险经过传导，进入企业会给企业带来损失危机。Chu等（2020）在研究中指出，在企业的各项工作中存在任意一个失误和未知性（风险），这个小的未知性都会根据某个传播途径（也就是风险传播载体），进入整个工作系统的经营活动中，导致经营活动的失败，甚至会演化成企业危机，给企业发展带来毁灭性打击。学者对企业风险传染的研究主要从"传染"和"后果"两个部分展开。其中"传染"部分指某种未知性依靠传播载体通过传播途径进入企业内部各生产节点；"后果"部分指风险传染的结果，即给企业带来损失。

从广义上来说，李成等（2013）从企业网络群视角出发，对企业风险传染进行阐述：企业与企业之间由于某种利益关系联系起来，由于风险传染性的存在，风险会在利益关系链上进行传播，因此关系链上的一个企业遭受风险，势必会影响关系链上的其他企业，甚至在整个关系链中传播，构成一个企业外部传导系统。随着研究的不断深入，发现企业风险传染不单是在经济市场中进行，还受风险所在的经济、人文环境因素影响。由此可见，企业风险传染是一种市场经济活动进程，它并不是一个简单的运动规律。因此，对风险传染理论的研究重点应该放在风险传染载体和风险传染途径上，进而才能明白风险传染的一系列流程及传染原理。而企业的内部风险主要表现为财务风险，因此厘清财务风险在企业间的传染路径异常重要，故本书对财务风险的传染机制进行讨论。

2.2.2 财务风险的传染机制研究

厘清财务风险的传染机制是研究企业内部风险的核心分支，其分析的目的是为财务风险控制和管理提供依据。企业在环环相扣的风险管理系统中，往往重视管理系统的最后环节，提出将风险造成的损失后果进行转移等管理方法。研究结果发现对风险传染动态变化过程的认识还不够，沈俊（2006）指出，目前财务风险从两个方面进行传导的现象已经非常普遍：企业内部系统和经济市场外部系统，理论角度对财务风险传染的研究还不完善，如财务风险传染特点、传染行为导致的后果、后果的解决方法等均不够成熟。所以，从理论角度研究风险传染是非常有必要的，加强基于管理体系对风险传染动态过程（风险源、传导载体、传导路径）的认识，弥补风险管理体系的欠缺，建立起完善的风险管理体系是研究的核心与难点。

近年来，学者着重关注企业集团和融资结网等关联形式所导致的财务风险传染问题。在风险管理、投融资和经营管理等方面，企业集团间还存在着模仿行为，企业集团这一组织形式为企业间发生财务风险传染提供了可能性（Kaustia et al.，2015）。某家成员企业发生财务危机会造成整个集团内部通过资金与担保、商品与劳务等关联交易发生风险传染（李秉成 等，2019）。纳鹏杰等（2017）研究发现，集团内部会通过关联交易、关联担保等方式实现成员企业间的互利，但同时是企业集团内部财务风险发生传染的重要途径，公司风险治理和管理制度均能够有效缓解风险传染。

外部市场环境和非集团企业间的金融关联现象是财务风险传染的另一个主要因素。张乐才（2011）指出，企业资金担保链构成了一个风险共享体系，在良好的经济环境中企业会受益于资金担保链，反之，则会加大企业间财务风险传染的可能，导致企业陷入财务困境。外部社会资本会促使企业间建立融资合作，形成以贷款担保和股权集资为关联关系的融资风险网络，加剧了企业间财务风险发生传染的可能性（吴宝 等，2011）。Battiston等（2007）指出，融资网络结网方式不同也会使风险传染效应存在差异。

企业间的关联性成为财务风险传染的主要途径，未来研究有待探索企业间更多的关联形式所导致的财务风险传染效应，为企业风险管理和外部监管提供更有价值的参考。企业的财务风险通常长期伴随在企业的运作过程中，管理者对爆发危机前的种种征兆不敏感，一旦重视程度不够或防范措施不及时，就可能导致危机爆发。Chiu等（2015）认为对于企业财务风险管理，首先要做的是分析和研究风险的来源和传播途径，这是对风险管理做出准确判断的前提。

2.2.3 企业风险承担水平的传导机制研究

企业风险承担的相互影响与很多社会因素有关，在风俗习惯相对谨慎的国家，企业所具有的风险承担互相传递的可能性较低。随着研究的不断深入，已有学者开始关注企业间的关联对企业风险承担的传导机制。宏观政策层面的因素影响企业的投融资、经营销售等外部环境，进而影响相关企业的所有者和管理者对经济走势不确定性的判断和风险管理策略的制定，最终导致经营上下游企业风险承担状况发生变化（Hoskisson et al.，2017）。

良好的社会和经济环境能增强企业间风险共担的意愿。从外部制度环境角度来看，胡育蓉等（2014）提出货币政策会通过利率关联渠道、信贷关联渠道和预期引导效应影响企业风险承担传导，当货币政策有紧缩趋势时，企业的风险承担动机和水平会明显下降。法律制度环境的优化有助于降低高管和股东攫取私利的行为，而违约成本的提高会影响企业的风险承担决策和通过共同所有人的传递（Acharya et al.，2011）。从内部治理机制和组织架构特征角度来看，基于政治关联这一非正式制度，发现具有政治关联的金融企业的财务杠杆会较高，股票价格波动性较大。政治关联在一定程度上削弱了中小企业的治理能力和作用，降低了企业的风险承担水平，且受政治关联层级的线性影响（Kostovetsky et al.，2015）；但周泽将等（2018）研究发现，政治关联为独立董事的咨询交流及其与政府部门之间的沟通搭建了更好的桥梁，从而增强了企业的风险承担能力。高露丹等（2021）研究发现，连锁董事具有资源效应和治理效应，通过提高管理层对外部核心资源的控制程度、强化监督并约束管理层的私利行为和保守倾向、提升代理冲突的治理能力及寻租现象的识别能力来提高企业的风险承担水平。同样，连锁股东可以发挥监督效应、信息效应和资源效应，提升企业的风险共担水平（杜善重 等，2022）。

2.3 复杂网络方法研究概述

财务风险随着时间的推移和空间的变化而积累和发展，构成系统性风险。金融系统的不同组成部分是相互交叉和相互关联的，从而形成相互依存的网络结构，并在一个或多个金融机构发生危机时，相互传染从而触发系统性风险。例如，受我国银行系统的结构、个人行为和联网的影响，许多中小型银行目前由于各种原因而处于不利地位，也就是说，金融系统的各个组成部分是复杂地相互交织和相互关联的，构成了一个相互关联的网络结构，并在一个或多个金融机构发生危机时给系统带来风险。而复杂网络是描述和分析复杂系统的重要工具，已被广泛应用于金融网络的风险扩散与演化及网络结构的特性和共性等方面的研究，主要包括复杂网络理论基础、概念与内涵、拓扑结构测度指标、性质与类型等方面。本书使用复杂网络的研究方法，重点关注企业间基于共同所有者和管理者建立的社会网络，这是复杂网络理论的社会性和经济性的重要补充。

2.3.1 复杂网络的概念和内涵研究

在复杂网络研究中，认识"网络"是研究的前提，总结相关研究可以对"网络"的概念做出界定。"网络"一词最早由美国社会学家斯梅尔在1992年提出，在客观世界中，很多重要的、典型的复杂系统能够抽象为复杂网络来研究，并强调连接系统的多维性和动态性。谭燕军（2015）从网络结构、网络节点、结构与节点之间的相互影响及网络与网络之间的作用等几个方向出发研究了网络的复杂性。在网络结构方面，连接网络各节点的线是复杂的，且会因时间不同而不同。与此同时，连接各节点的线具有不同的重要程度和方向，这加深了网络结构的复杂程度。在网络节点方面，节点通过不同的关系连接成网络，并且节点在网络位置的中心性不同，从而使网络更加复杂。在网络结构和网络节点的相互影响方面，网络的不同结构会通过限制或者促进节点的资源获取来影响网络节点，加大了网络节点的不确定性和时间变化效应，同时，网络中的节点变化也会通过影响网络的边的形成或消失导致网络结构不断地变化，进而推动网络结构的动态演变。随着网络的不断发展，网络与网络之间信息交流越来越频繁，网络之间的相互影响力不容小觑，一个网络发生某种变化，势必会影响与之关联密切的网络。目前网络理论作为一个新型工具已被广泛应用于生物、物理、金融等领域。随着宏观经济和金融体系的不断发展，各企业为减少信息不对称、降低交易成本、识别市场机会等，彼此间将通过信贷、担保、持有共同资产等关系越来越多地形成复杂的网络连接。

2.3.2 复杂网络性质与类型研究综述

从不同的分类角度出发，复杂网络可分为各种类型。若从边是否有方向角度出发对复杂网络进行分类，可以将边有方向的网络称为有向网络、边没有方向的网络称为无向网络，本书构建的股东网络、高管网络和股东—高管多层网络就属于无向网络。根据连接网络节点之间的边是否具有权重来看，将复杂网络分为两类：权重网络和无权网络。其中网络之间的边具有权重的称为权重网络，网络之间的边没有权重的称为无权网络。从现有的研究文献来看，基于有权网络进行研究比较广泛，李守伟（2020）以关联系数的相应距离为权重，构建金融机构之间的加权网络，来研究金融机构之间的演化关系。依据网络中边的数量这一准则，将连接边很多的网络称为密集网络，将连接边很少的网络称为稀疏网络。

综合来讲，上述讲了边的方向、权重和数量这三个分类准则，但最常用的分类准则是网络的拓扑结构。人们往往根据网络的拓扑结构对网络进行分类，将形状规则分布的网络称为规则网络，将分布随意没有规律的网络称为随机网络。上述两种网络类型处于规则程度的两个极端——一个是极其规则，另一个是极其不规则，大多数的网络规则程度处于两者之间，又将其分为小世界网络和无标度网络，下面对这四种网络类型进行详细描述。

2.3.2.1 规则网络

顾名思义，规则网络就是形状规则分布的网络。常见的规则网络有三种类型：全局耦合网络类型、星形耦合网络类型和最近邻耦合网络类型（如图2-1所示）。

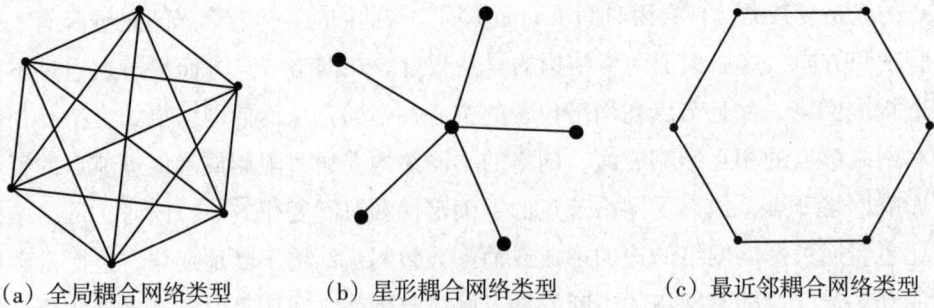

(a) 全局耦合网络类型　　　(b) 星形耦合网络类型　　　(c) 最近邻耦合网络类型

图2-1　规则网络类型

图2-1中展示了节点数为6（记 $N=6$）的三种规则网络类型，其中图2-1（a）为全局耦合网络类型。从图2-1（a）中可以发现，网络中的节点是两两相连的，因此很容易得到全局耦合网络类型的定义，即网络中所有节点之间存在两两相连的网络称为全局耦合网络。根据簇系数（也称为聚类系数）的计算公式可知，全局耦合网络的簇系数为1，说明该网络的构造布局呈现出群体结构特征。在上述分析中，我们提到根据网络中边的数量可以将网络分为密集网络和稀疏网络，显然全局耦合网络属于密集网络，但在现实复杂网络中，大部分的网络属于稀疏网络，因此用全局耦合网络研究真实网络存在不足之处。

图2-1（b）为星形耦合网络类型。从图2-1（b）中可以看到，有1个节点与网络中的其他5个节点之间都存在连接关系，处于网络的中心位置，而网络中的其他5个节点仅与中心节点存在联系。拓展到一般情况，在星形耦合网络类型中，处于网络中心位置的节点的度（degree）为 $N-1$，网络中其余节点的度均为1。根据聚类系数的计算公式［见式（2-8）］，可得星形耦合网络的聚类系数为0，说明该网络倾向于层次结构，网络呈现分层级的特点。

图2-1（c）为最近邻耦合网络类型。从图2-1（c）中可以看到，网络中节点的连接方式呈现出仅与相邻节点连接的特点，因此被称为最近邻耦合网络。其中网络节点可以连接的邻居节点数是有定义的，我们将其定义为 $K/2$，其中 K 的取值为偶数且 $K \leqslant N$。通过观察可以发现，K 的取值与网络的密集程度息息相关，K 越大，网络越密集。

2.3.2.2　随机网络

给定 N 个节点，N 个节点中的每两个节点之间的连接概率为 p（$0 < p < 1$），据此构成的网络称为随机网络（random networks）。Erdos等（1961）通过大量研究得出结论，在由 N 个节点构成的随机网络中，网络中的边的数量是不确定的，但遵循一定的计算公式，即 $p \times N \times (N-1)/2$，且网络中节点的平均度数满足 $p \times (N-1)$。

根据随机网络的定义可知，当网络中边的连接概率为0时，网络中 N 个节点的度全部等于0，全部是孤立点，这样的网络相对而言没有很大的研究价值。可以看到，图2-1

（a）中的连接概率 $p=1$，也就是说，全局耦合网络是连接概率 p 等于1的随机网络。因此，随机网络的密集程度由连接概率 p 决定：连接概率 p 越大，网络中的边越多，网络越密集；连接概率 p 越小，网络中的边越少，网络越稀疏。从聚类系数上分析网络的拓扑结构，由于 N 个节点中每两个节点之间的 p 是一样的，所以 N 个节点中的每个节点与最近邻节点的 p 也是一样的，由此看来随机网络的簇系数就是连接概率 p。因此，p 越大，说明随机网络的聚类系数越大，该随机网络的构造布局呈现出群体结构特征；反之，随机网络的构造布局呈现出层次结构特征。在真实的网络研究中，复杂网络是错综复杂的，因此像规则网络和随机网络这样具有明显分布规律的网络，很少被应用到相关研究中，往往小世界网络和无标度网络的应用更为广泛。

2.3.2.3 小世界网络与无标度网络

近年来，复杂网络的拓扑性质渐渐成为研究热点，研究者更多关注网络的结构特点和稳定性。在实际网络中，Strogatz（1998）指出尽管网络节点个数众多，但任意两个节点间的最短距离却很小，小世界网络的提出开创了社会网络研究的先河。Watts（1998）运用数学知识，通过复杂网络的平均最短距离对网络的小世界特性进行说明，并且验证出小世界网络平均最短距离与网络节点个数的对数成正比关系。高霞（2015）研究网络对创新的影响，发现网络具有小世界特征。

复杂网络的无标度特征描述了网络节点的度的分布特征，若度分布符合幂律特征且该网络中有少量度中心性很大的点，则该复杂网络具有无标度特征。学者开始基于复杂网络理论构造不同类型的网络模型，对主体间的网络特性进行探究。国外学者研究发现，日本企业间的贸易网络和资金流网络均具有无标度网络特性（Watanabe et al.，2011；Miura et al.，2012）。李守伟等（2019）通过企业主体间的主要经营行为构建了企业信用内生网络模型，结果发现企业内生信用网络度分布服从幂律分布，且该网络具有无标度网络特性。Miura（2012）研究的资金流网络和Watanabe（2012）研究的贸易网络也是通过无标度特征刻画的。多数金融机构之间通过担保关系联系在一起，构建担保网络，研究发现金融机构之间的担保网络具有小世界特性和无标度特性，且节点的度具有异配性（吉艳冰 等，2014）。

在验证复杂网络拓扑结构的同时，网络的稳定性成为学者们最为关心的话题，网络的鲁棒性特征决定了网络结构的存在意义。徐凤等（2015）对网络空间的鲁棒性进行了严格的数学描述。Watts（2011）通过大量研究，指出网络的鲁棒性是针对一个稳定的网络，如果去掉某个节点，孤立节点不会有明显的增加。

复杂网络方法被学者们广泛应用，从网络中能够更直观地看出个体部门之间错综复杂的关系，也可以刻画风险传染的动态性演变及金融系统稳定性（巴曙松 等，2013）。本书进一步基于复杂网络的连接节点和连接关系进行文献分类，如表2-1所示。

表2-1　复杂网络的文献分类

金融领域	关联关系	网络类型	作者	研究内容
金融机构之间直接网络	借贷网络	单层网络	Gottardi et al., 2017; 王晓枫 等, 2015	通过构建借贷网络来研究企业间风险传染
		多层网络	Brummitt et al., 2015	建立银行间借贷的多层网络模型, 分为高级借贷和低级借贷两种类型
	拆借网络	单层网络	范宏 等, 2019; Zawadowski, 2013	银行间通过构建拆借网络对系统性风险展开研究
金融机构之间间接网络	资产关联	单层网络	Cifuentes et al., 2005	研究了银行持有共同资产的间接关联网络模型
金融机构与实体经济之间网络	财务关联	单层网络	Masi et al., 2012; Bargigli et al., 2014	基于人们对复杂网络理论日益增长的兴趣, 构建财务关联网络, 研究的主要目标是促进网络理论更有效地应用于经济现象
	股票关联	多层网络	李守伟 等, 2020; Musmeci, 2016	构建金融机构多层网络模型, 实证分析金融机构多层网络结构演化特征
金融市场网络	契约网络	多层网络	Poledna et al., 2015	金融多层网络分为信贷、衍生工具、外汇和证券四种类型契约关联关系
	担保网络	多层网络	Li et al., 2020	根据担保类型不同模拟三层网络模型的担保市场
企业之间网络	财务关联	单层网络	韩华 等, 2013	通过研究企业之间的财务关联网络, 研究企业可能拖欠贸易信贷的可能性
	资金担保	单层网络	Battiston et al., 2007; 张乐才, 2011	通过构建企业之间的资金担保网络研究风险传染性与消释风险
	客户关系	单层网络	李永奎 等, 2015	构建关联信用风险传染模型, 研究该网络结构中"非健康"企业的密度与关联信用风险的传染延迟时间
	高管关系	单层网络	张娟, 2017	应用高管联结研究企业之间的战略影响和经济后果

2.3.3　复杂网络拓扑结构度量指标

近年来, 随着对复杂网络结构研究的不断深入, 学者主要基于以下统计特征对复杂网络的拓扑结构展开研究, 如度中心性、介数中心性、接近中心性、特征向量中心性、平均最短距离、密度、连通分量、聚类系数等。下面分别对这些统计特征指标进行介绍。

2.3.3.1　节点中心性

在复杂网络的相关性质研究中，节点的中心性是判断网络特征的基本元素，它对于复杂网络核心节点的挖掘具有决定性的意义。复杂网络的中心度可以从四个方面描述。

（1）度中心性。

一个节点的度中心性（简称节点的度）是与该节点相连接的其他节点个数总和，也就是该节点的邻居数。Newman（2003）指出，复杂网络节点的度中心性是节点重要程度的体现，一个节点的度中心性越大，说明这个节点在网络中的位置越关键。若节点之间有连接，则记连接 $a_i = 1$，否则，$a_i = 0$。则节点的度为

$$Degree_i = \sum_j a_{ij} \tag{2-1}$$

（2）介数中心性。

介数中心性可以代表节点或边在整个网络中的承接作用和综合影响性，与节点的度中心性衡量节点在微观层面重要性的侧重点不同，介数中心性更偏重于描述节点或边的整体重要性。

在复杂网络中，如果一个节点通过 $m(m \geq 1)$ 个连接到达另一节点，则这些连接形成这两个节点间的一条路径，其长度为 l。两个节点间的路可能有多条，其中，长度最短的称为最短路径，最短路径的长度简称最短距离。Zhang 和 Small（2006）指出，如果节点 i 和 j 之间的最短距离为 L_{ij}，节点 i 和 j 之间经过节点 v 的最短距离为 $L_{ij}(v)$，则节点 v 的介数中心性定义为

$$Betweenness(v) = \sum_{ij} \frac{L_{ij}(v)}{L_{ij}} \quad i,\ j \neq v,\ i \neq j \tag{2-2}$$

如某节点不在任何路径上，即节点 v 不与任何一个节点相连或者仅有一个节点与之相连，则节点 v 的介数中心性等于零。介数中心性直接刻画了网络中节点的重要程度和通过性，以及节点的影响力和中枢性，可以很好地描述节点需要承载的流量。

（3）接近中心性。

节点的接近中心性由该节点到其他节点的远近来刻画，即它与其他节点最短距离之和的倒数（Newman，2003），节点的接近中心性的归一化定义为

$$Closeness_i = \frac{n-1}{\sum_{j \neq i} L_{ij}} \tag{2-3}$$

其中，节点 i 和节点 j 之间的最短距离为 L_{ij}，n 为网络中的节点个数。接近中心性表示节点之间的接近程度，同时可以展现网络的整体结构。网络中的节点与其他节点之间距

离越近，该节点就越有接近中心性，信息传播也就越直接。

（4）特征向量中心性。

描述一个节点的重要程度时，除了要关注节点自身的重要性，还应探讨与其相连节点的网络关键程度。特征向量中心性就是利用上述思想来描述节点重要性的统计特征。Newman（2003）和 Li 等（2017）将节点 i 的特征向量中心性定义为

$$Eigenvector(i) = \frac{1}{\lambda} \sum_{j=1}^{n} a_{ij} x_j \tag{2-4}$$

其中，$A = (a_{ij})$ 为邻接矩阵，如果节点 i 与节点 j 之间有连接，则 $a_{ij}=1$，如果节点 i 与节点 j 之间无连接，则 $a_{ij}=0$；λ 是 A 的最大特征值；x_j 为矩阵 A 对应 λ 的特征向量的元素。

在复杂网络中，核心节点的各中心性往往很大，一旦这些核心节点面临风险或崩溃，就会对网络整体产生巨大的影响，甚至使整个网络面临瘫痪的危险（文磊，2015）。

2.3.3.2 平均最短距离

在复杂网络中，所有节点之间最短距离的平均值即复杂网络的平均最短距离，其计算公式为（汪小帆 等，2006）

$$\bar{l} = \frac{2}{n(n-1)} \sum_{i=1}^{n-1} \sum_{j=i+1}^{n} L_{ij} \tag{2-5}$$

其中，n 为节点个数，L_{ij} 为节点 i，j（$i,j \in V$，$i \neq j$，V 为节点集）间的最短距离。平均最短距离刻画了复杂网络节点间的信息传输效率，值越小，传输效率越高。

2.3.3.3 密度

复杂网络的密度是指网络中实际出现的边数与全部节点间可能出现的边数之比，其计算公式为（张晓军 等，2009）

$$d = \frac{2l}{n(n-1)} \tag{2-6}$$

其中，l 为网络的实际边数，n 为网络的节点数。密度刻画了网络整体的紧密程度，真实网络一般都显示低密度，即网络是稀疏的。Newman（2010）指出，对于一个足够大的网络，当 $n \to \infty$，$d \to C$（常数）时，则认为网络是稠密的；而当 $n \to \infty$，$d \to 0$ 时，则认为网络是稀疏的。然而，由于真实网络总是不足够大，当 $d \approx 1$ 时，网络通常被认为是稠密的，当 $d << 1$ 时，网络通常被认为是稀疏的。

2.3.3.4 连通分量

在无向网络 G 中，若两个节点 i，j（$i,j \in V$，$i \neq j$，V 为节点集）相连接，则记这

两个节点是连通的。若无向网络G中每个节点都能在G中找到与其连通的节点，则称G是一个连通网络。若无向网络G的一个子网络中任意节点都是连通的，则称其为无向网络G的一个连通子网络，包含节点数最多的连通子网络称为极大连通子网络。无向网络G的极大连通子网络称为G的连通分量，任何连通网络的连通分量只有一个，即其自身，非连通的无向网络有多个连通分量（Buckley et al.，2005）。

2.3.3.5　聚类系数

聚类系数也称为簇系数，是在复杂网络理论研究和实证研究领域中都备受关注的重要参数，描述了节点之间的聚集程度。在现实网络中，很多网络体现出节点的聚集特征，如在个人的社交网络中，关系密切的个体往往出现在同一领域中，这也使得相互之间熟悉的机会增多，从而变成更为密切的团体，这种因某一共性而具有密切关联的节点特征就被称为"聚类特征"。

假设网络中节点 i 与其他 k_i 个节点相连，这 k_i 个节点之间实际存在的连接数为 E_i，而这 k_i 个节点间可能存在的最大连接数为 $[k_i(k_i-1)/2]$。节点 i 的聚类系数定义为（Watts et al.，1998）

$$C_i = \frac{E_i}{k_i(k_i-1)/2} \tag{2-7}$$

此处要求 $k_i > 1$，若 $k_i = 1$，表明节点 i 只与其他一个节点相连，记 $C_i = 1$。聚类系数取值范围为 $[0，1]$，可以用来描述复杂网络的构造布局。聚类系数越大（接近1），复杂网络越呈现出群体结构特征；聚类系数越小（接近0），网络越倾向于层次结构。群体结构特征指网络中连接节点的关系密切程度相异，由于不同的亲密关系，网络中的个体会构成多个不一样的群体组织，而群体组织的特点是内部成员之间关系密切，但与其他群体之间的关系相对稀疏。层次结构指网络中的各个节点之间由于各自的规模和作用不同，决定了其在网络整体中是否处于核心位置，由此网络自身呈现出分层级的特点。聚类系数与节点的度之间的关系可以为确定网络连接形态提供思路（Bargigli et al.，2015），聚类系数也会为风险传播的分类监管提供一定的思路。

平均聚类系数指各节点聚类系数的均值，可以描述网络节点间相互连接的紧密程度，其计算公式为

$$C = \sum_i C_i \tag{2-8}$$

2.3.4　多层网络理论与概念的研究

复杂网络研究已经成为多学科应用的综合领域，研究思想和方法的成果十分丰硕。

但迄今为止复杂网络领域多数研究还是集中于单层网络连接而忽略了实际关联关系中多维连接的相互影响，如多种交通工具的运输网络、生意伙伴之间融合关系的资金网络和客户网络、物种的多维生态网络等。单层网络已经不能满足实际关联关系研究的需求，因此，多层网络逐渐走进学者视野，其解决问题的多样性和耦合性的思维方法，使得复杂多层网络越来越受到学界和业界的青睐。

个体之间由于不同的连接关系功能而相互之间作用各异，故不能叠加，从而构成多层网络。Boccalettis 在 2014 年提出多层网络（multilayer network）是将许多单层网络通过层间的关系连接起来而得到的层级网络。多层网络模型可以描述个体间多种类型的作用关系，也可以用于研究不同角度和时变动态的网络，在多个领域有广泛的运用。在企业间网络中，以往的研究多是通过单层网络刻画，借贷、担保、产品上下游、共同所有人等多角度同时连接还没有得到充分的应用。多层网络根据不同的构造方式主要分为两大类：多角度多层网络和依赖型多层网络。多角度多层网络，也就是根据节点之间不同的关系而构成的不能相互替代的多层网络。在本书构建的社会网络中，由于与两个上市公司之间不同的社会关系，共同股东关系与共同高管关系，分别构成股东网络和高管网络，再假设上市公司之间还存在担保关系，构成担保网络，股东网络、高管网络和担保关系组成的股东—高管—担保多层网络就属于多角度多层网络。图2-2为多角度多层网络示意图，各个单层网络中有相同个数的节点数，但是每层的边连接组成不同，节点之间的连接关系可以是有向的也可以是无向的，边可以有权重也可以没有权重。在一个多层网络中，若一层网络中出现严重风险传染而遭受严重破坏，则整个多层网络会受到严重影响，这样的多层网络就是依赖型多层网络。依赖型多层网络的层数可以是两层也可以是多层，且依赖型多层网络不同于多角度多层网络的一个重要之处是，依赖型多层网络存在于不同网络层中的节点之间的性质存在很大差异，层与层之间可以存在连接不同节点的边。

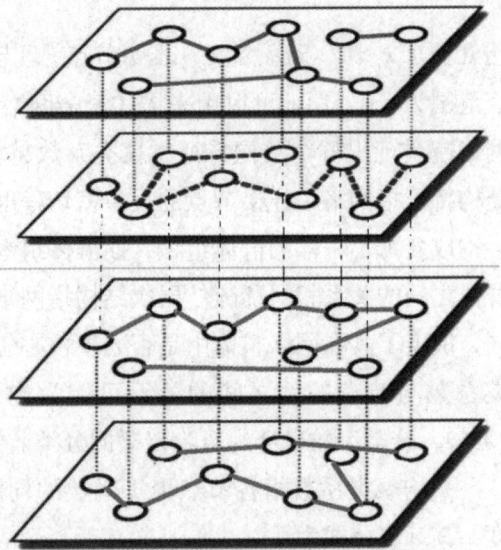

图2-2　多角度多层网络示意图

接下来，详细介绍多层网络中层与层之间的传导行为、多层网络的鲁棒性和脆弱性、多层网络中重要节点的判断方式。首先，在多层网络中，不同的风险类型和资源存在于不同的网络层中，多层网络中每一层节点之间的边是不同的，这为研究在相同时间内网络中不同风险传染之间的作用关系提供了研究模型。以传染病学的研究为例，在自然界与人类生活的环境中，同时存在着不同疾病的传染行为，在研究多种疾病传染行为中基于多层网络的研究结果会更加准确。有学者曾对两种疾病的传染行为进行研究，研究结果表明两种疾病的传染行为是存在一定的顺序的，一种疾病会在一层网络上传染，然后另一种疾病会在另一层网络上传染。相较于单层网络，多层网络的鲁棒性和脆弱性更加明显，一层网络中的节点受到打击，也会对其他层中的相应节点造成损害，层间的传导最终给整个多层网络带来严重损失。对多层网络中重要节点的主要判断方法，是用多层网络中心性的统计算法接近中心性进行判断，在多层网络中，节点接近中心性的算法如下：

$$CCC(i) = \gamma \frac{1}{\sum\limits_{\alpha \in L} \sum\limits_{j \neq i} d(i^{\infty}, j^{\alpha})} + (1-\gamma) \frac{1}{\sum\limits_{\alpha, \beta \in L} \sum\limits_{j \neq i} d(i^{\alpha}, j^{\beta})} \tag{2-9}$$

式（2-9）表示节点 i 的接近中心性，其中，γ 是一个常数代表，调节参数，L 代表多层网络中的层数，$d(i^{\infty}, j^{\alpha})$ 表示节点 i 与节点 j 之间在 α 层中的最短路径，同理 $d(i^{\alpha}, j^{\beta})$ 表示不同层之间节点 i 与节点 j 之间的最短路径。

2.3.5　多层网络的统计特征

2.3.5.1　层间相似性

层间相似性用来衡量多层网络中某两个网络层之间的结构相似程度，网络可以看作有序的向量，通过计算不同网络层向量之间的距离，可以知道多层网络结构中的两个网络的相似性，相似性越高的网络层之间，风险传染的可能性越高。一般来说，两个网络可以具有非常相似的拓扑性质，但无法确定它们是否具有点相似性，即两个节点在一个网络中存在连接，同时在另一个网络中仍存在连接的概率。Bargigli 等（2015）指出拓扑相似性和点之间的相似性理论机理具有差异性，但两者均具有重要性。在多层结构中，扩散和传染性取决于层之间的相似性。因此，网络相似度的度量对分析企业间风险传染程度具有重要意义。

定义网络相似度的方法有很多种，本书选取 Jaccard 相似度作为衡量不同网络层间的资源或风险传导的标准，具体计算公式为（Peralta et al., 2016）

$$J(A, B) = \frac{|A \cap B|}{|A \cup B|} \tag{2-10}$$

其中，A 和 B 是所研究两层网络的边的集合（两层网络中相同节点间的边视为相同），该相似性的值为两个集合交集与并集的商。Jaccard相似度即一层网络的边同时存在于另一层网络的概率。

2.3.5.2 度相关性

在多层网络模型中，研究层间的度相关性是非常重要的。度相关性研究的是多层网络模型中的节点i在不同层中度数的相关性。度相关性的计算公式为（Musmeci et al., 2017）

$$\rho^{[\alpha, \beta]} = \frac{\sum_i \left(R_i^{[\alpha]} - \overline{R^{[\alpha]}}\right)\left(R_i^{[\beta]} - \overline{R^{[\beta]}}\right)}{\sqrt{\sum_i \left(R_i^{[\alpha]} - \overline{R^{[\alpha]}}\right)^2 \sum_j \left(R_j^{[\beta]} - \overline{R^{[\beta]}}\right)^2}} \tag{2-11}$$

其中，$R_i^{[\alpha]}$是节点i在α层中度的秩，$\overline{R^{[\alpha]}}$和$\overline{R^{[\beta]}}$分别表示节点i在α层和β层中的平均秩。在通常情况下，节点的度相关性系数的取值范围是 $[-1, 1]$，相关系数越接近1，说明两层的度数之间的正相关性越大，相关系数越接近-1，说明两层的度数之间的负相关性越大，若$\rho^{[\alpha, \beta]} = 0$，则说明两层之间的度数没有明显的秩相关性。

2.3.5.3 边重叠数

多层网络模型中的边重叠数$\langle O \rangle$用于衡量两个随机选择的节点i和j之间存在边缘的平均层数，具体计算公式为（Musmeci et al., 2017）

$$\langle O \rangle = \frac{1}{2K} \sum_{i,j} \sum_a a_{ij}^{[\alpha]} \tag{2-12}$$

$$K = \left(\frac{1}{2}\right) \sum_{i,j} \left[1 - \prod_a \left(1 - a_{ij}^{[\alpha]}\right)\right] \tag{2-13}$$

其中，用a_{ij}表示节点i和节点j之间是否存在连接，$a_{ij}=1$，说明存在连接；反之，$a_{ij}=0$。K则计算了不重复计算的边的个数。因为本书研究的多层网络由两层组成，$\langle O \rangle$的取值范围为 $[1, 2]$。当每个边仅存在于一层中时，$\langle O \rangle = 1$；当股东网络和高管网络一样时，$\langle O \rangle = 2$。$\langle O \rangle$值越大，两节点间越可能存在两种连接方式，各层网络的相似性越大；$\langle O \rangle$值越小，两节点间越可能存在一种连接方式，各层网络的独特性越大，股东网络和高管网络之间的互补作用越大。

2.3.5.4 边独特性

在多层网络模型中，边独特性表示一个边仅存在于多层网络中的某一层，拓展到本书中的股东—高管网络中，边独特性用来衡量仅存在于股东（或高管）网络中的边占股

东（或高管）网络中边总数的比例。边独特性的计算公式为（Musmeci et al., 2017）

$$U^{[\alpha]} = \frac{1}{2K^{[\alpha]}} \sum_{i,j} a_{ij}^{[\alpha]} \prod_{\beta \neq \alpha} \left(1 - a_{ij}^{[\beta]}\right) \tag{2-14}$$

其中，$U^{[\alpha]}$ 表示多层网络中 a 层的边独特性，$K^{[\alpha]}$ 用来代表在 α 层中所具有的边数量之和。$a_{ij}^{[\alpha]}$ 代表在 α 层中节点 i 和节点 j 之间是否存在连接，$a_{ij}^{[\alpha]} = 1$，说明存在连接；反之，$a_{ij}^{[\alpha]} = 0$。同理，$a_{ij}^{[\beta]}$ 表示在 β 层中节点 i 和节点 j 之间是否存在连接，$a_{ij}^{[\beta]} = 1$，说明存在连接；反之，$a_{ij}^{[\beta]} = 0$。边独特性的取值范围在 0 与 1 之间，当边独特性接近 0 时，说明该层中的边几乎全部会出现在其他层中，当边独特性接近 1 时，说明该层中的边仅存在于该层中，很少出现在其他层中。

2.4 复杂网络的应用

2.4.1 社会网络

2.4.1.1 社会网络的概念①

目前，对于社会网络很少有明确的定义。Wellman 在 1988 年最早提出社会网络的概念，通过社会网络来解释社会成员的组成方式及其关系格局。随着研究的不断深入，社会网络被认为是由个体之间发生联系构成的整体。使用图论（graph theory）的方法可以表示为，个体（社会行动者）即网络中的点，个体之间的关系就是网络中的线。本书构建的社会网络是企业间通过共同所属关系连接起来的。

2.4.1.2 社会网络的类型

继承性关系和生成性关系。企业在构成网络的过程中，根据不一样的社会关系和建立网络的不同目的会构成不同类型的网络。程恩富等（2002）从社会网络关系获取的不同方式出发，把社会网络关系分为继承性关系和生成性关系。继承性关系从字面意思上可以理解为先天性得到的，生成性关系可以理解为后天性获得的。先天性指的是与个人的出身背景有关的；而后天性也就是后致性，主要指通过自己努力所获得的。基于此，继承性社会关系网络指基于亲缘关系或血缘关系所产生的关系网络，而除此之外的通过

① 社会网络定义为由社会行动者之间的关系组成连接。社会行动者不仅仅是社会中某个独立的人，也可以指一个公司、社会群体、社会组织甚至国家。社会行动者之间的关系可以指亲属、朋友、同学、老乡等人脉，也可以是合作关系、共同所属关系和经济关系，或者是任何其他可能的关系。

与其他主体后天联系产生的网络为生成性关系网络。

强关系和弱关系。Granovetter（1984）在研究社会网络与经济行动中提出社会网络关系可以分为强关系（强连接）与弱关系（弱连接）。通俗理解强关系指的是网络中成员关系很紧密，而弱关系指的是关系没那么紧密。乔坤等（2014）指出，网络中的强关系是在特征相似的个体之间构建的，也就是说构成网络的个体之间从事的工作和掌握的信息是相似的，个体之间的关系紧密，有很强的因素来维持联系；而在弱关系中，社会网络的异质性很强，也就是说网络中的个体来自各行各业，个体之间的关系并不紧密，没有特别的因素来维持联系。通过上述分析可以看出，强关系获取资源更加直接，但弱关系比强关系参与的个体更多，跨越社会界限更广，成为获取外来信息和其他资源的桥梁。

初期对社会网络研究的重点主要集中在继承性社会关系网络和强关系社会网络上，随着复杂网络理论的不断发展，生成性关系与弱关系也会对社会行动者产生重要的影响。广义上来看，只要行动者之间存在特定联系，其节点和节点之间的关系就构成了社会网络。Alvin 等（2017）指出社会网络分析是社会科学研究（social science research）中的一种视角，本书提供了一个看待已有事物的新视角，关注的是行动者及他们之间的关系，然后用一系列的指标去观察这些网络对网络中的社会行动者产生的影响，或者这些网络形成的原因。作为一种研究视角，社会网络分析被广泛应用于不同领域，如券商网络、邻里关系网络、投资者网络等。本书的研究主体为企业财务风险和风险承担水平，股东与高管是企业的控制者和管理者，使企业间形成生产性强关系，对企业内部风险的防控起到举足轻重的作用。本书主要以企业间共同股东和共同高管为纽带，建立企业之间的三种社会网络——股东网络、高管网络及它们形成的多层网络，为相互间关联交易和信息传递提供路径支持。

在研究社会网络理论的过程中，学者逐渐分为两个大派别，分别是个体主义和结构主义。个体主义者强调社会网络应该怎样构造才更加合适。个体主义者认为在社会网络的形成和变化过程中，个体能起到重要作用。随着研究的不断推进，学者认为每个个体都有各自的属性，个体之间的不同属性导致他们各自构成的社会网络是多种多样的，社会网络种类的不同会导致其所含的资源价值程度不同，因此会对社会网络中个体资源的获取造成不同的影响。结构主义者不同于个体主义者，他们强调如何构建最有效的社会网络，他们强调社会网络结构给人们带来的价值。结构主义者指出，由于社会网络中的个体节点的特征，因此难以制定出合理的衡量标准，应不考虑其给网络带来的影响，认为其不会对社会网络的结构变化和资源价值造成影响。

2.4.2　万维网与因特网

在复杂网络应用中，万维网和因特网被学者和人民群众广泛应用。根据网络中连接边是否具有方向来对万维网进行分类可知，万维网属于有向网络，万维网中的节点是形形色色的网页，将各个网络连接在一起的超链接是万维网中的边。前面介绍的无标度网络就是在万维网的基础上研究命名而来的。根据无标度网络分析万维网，万维网中节点的度分布特征符合幂律分布，且网络中有少量度中心性很大的点，将符合这种分布特征的网络称为无标度网络。

复杂网络理论的应用范围十分广泛，在因特网中也不例外，学者根据理论基础，基于因特网攻克了大量与网络安全有关的问题。Newman（2003）在网络安全上作出重大贡献，基于复杂网络理论构建复杂网络，防止互联网中存在的病毒、黑客等侵犯互联网，从而保证了互联网的安全。除此之外，在Facebook应用软件中，复杂网络技术可以通过网络中用户之间的相互间接连接关系等帮助用户认识更多的人。

2.4.3 生态网络与交通网络

复杂网络在生态网络中最常见的应用是基于食物链构建起的食物网。在生态网络中，以食物网为例，网络中的每个节点代表的是动物物种，网络中的边表示动物之间的吃与被吃关系。研究发现不同的食物网之间既存在不同之处又存在相同之处，不同之处指的是在生物种类的数量和网络的平均度方面存在很大的不同，相同之处指的是所有食物网的每个节点的平均度不会大于3。食物网有很高的聚集特征。除了食物网，另一个常被提起的生态网络是蛋白质网络，生物体内的中枢神经网是非常复杂的，它由1000亿个神经元相互连接而成，蛋白质网络是用来调节生物体的，它是由蛋白质与蛋白质的相互作用而构成的。

研究发现交通网络具有其特有的网络特点，下面从四方面进行说明：第一，交通网络中节点所处的位置，除了一般网络中存在的中心节点和边缘节点外，还具有准确的位置坐标；第二，交通网络中的连接边不基于某种抽象关系，如担保关系、承担关系、负债关系等，而是真实存在的实体连接；第三，交通网络中的节点之间边的连接基于一定成本，两点之间关系的建立不会随意发生；第四，由于网络中的节点具有明确的地理位置坐标，因此节点之间的连接会受到地理位置的限制，因此交通网络的平均度会出现独特的分布现象。综上所述，交通网络不具有明显的小世界特征。

2.4.4 经济与金融市场网络

目前看来，复杂网络在经济与金融市场网络中的应用十分广泛，在金融经济市场中，基于网络角度对经济与金融展开的研究开创了新的研究路径。基于复杂网络理论，可以清楚地认识到上市公司等与金融经济之间的关系，研究两者之间的关系有利于加强对外部经济市场变化的认识，从而降低企业面临的不确定性风险，防止企业出现经济整体性衰退。通过研究股票价格发现，一只股票的价格与另外一只股票价格之间存在一定的关系，因此他基于股票价格之间相随变化的关系，建立股票价格变化网络。下面从微观和宏观两个方面介绍经济和金融市场网络的应用：在微观方面，大部分学者以企业为研究主体展开说明，例如，有学者基于信息传递角度，对上市公司内部的各个组织之间的关联关系展开研究，建立网络关系，以降低上市公司生产成本；在宏观方面，有学者从产业链（industry chain）角度展开说明，指出复杂网络理论应用广泛，可用于研究企业商业产品的上游产品（指生产原材料）和下游产品之间存在的相关关系，根据两者之间的关系来衡量该产业链的平稳性。

除此之外，在表2-1中可以看到，复杂网络中金融机构之间的网络应用广泛，如债务关联、借贷网络、拆借网络、资产网络，等等。在对金融网络的研究中发现，金融经济市场中的网络稳定性对于整个经济系统十分重要。在构建网络的过程中，由于获取数据的成本较大及有些相关数据无法获得，因此采用理论与技术相结合的方法，对真实网络中存在的债务等关系进行模拟是非常重要的。除此之外，复杂网络在很多研究范畴内存在应用意义，如医学范畴、神经学范畴、图书管理范畴、信息网络，等等。总而言之，复杂网络应用广泛，并拥有很大的现实参照意义。

2.5 社会网络理论研究

2.5.1 社会网络的一般性理论

2.5.1.1 嵌入性和强弱关联理论

Granovetter（1984）首次对嵌入性（embeddedness）社会网络进行定义，并指出经济社会的网络组织具有整体性，人是经济活动的主要参与者，各个组织之间某种关联或关系的存在是构成网络的基础，关联程度通过以下四个方面来衡量：组织之间的互动频度、组织之间的感情力量、组织之间的亲切度、连接给彼此带来的收益。基于组织之间的关联程度，组织之间的联系可以分为强关联及弱关联。强关联指各个组织之间的关联程度很大且特点相似；而弱关联指的是组织之间关联程度很小且个体之间的差异性很大。通过分析强弱关联的特点发现，个体之间建立的关联关系大部分属于强关联，因为相似性很强的个体之间更容易建立信任，信息交流更顺畅，强关联是个体与网络其他节点建立联系的基础。但是建立强关联的个体之间是相似的，双方的差异性不大，因此个体之间的信息异质性也不够强，导致知识信息冗余，获利甚微。在弱关联建立的社会网络中，网络个体之间的相似性很低，因此彼此之间的信息存在很大的异质性。个体之间彼此交流可以扩大信息容量，达到合作交流的效果，实现新知识和新技能的掌握。

2.5.1.2　社会资本理论

社会资本理论是基于弱关联理论提出的，个体在弱关联社会网络中可以获得更多的资源，此类资源被认为是社会资本。在此的研究基础上，Lin 等（1990）展开了更加深入的研究，将社会资本定义为组织之间通过某种关系连接在一起而获取异质性资源的能力，其中的组织可以是个人、家庭甚至国家等，使社会资本的概念得到了更为准确和广泛的表达。通常认为，将网络资源的异质性作为判断社会网络作用是否强大的标准。社会网络的意义越大，资源异质性越强，因此在弱关系社会网络中可以获得更多有价值的资源，获取更有意义的社会资本。社会网络拥有丰富的社会资本，网络中的个体可以获得有效的差异化资源，有利于自身竞争力的增强。彭红枫等（2018）在对社会资本的研究中指出，经济市场中的个体通过与其他个体之间建立关联关系，为增强自身实力而获取的资源就是社会资本。从中可以看出，个体组织之间的关系已经成为一种获取资源的方法。许同文等（2017）在研究社会网络和社会资本的异同时指出，企业是经济市场中的主要参与者，通过各种经营活动或者关联交易等紧密联系在一起，不会孤立存在。网络主体（企业）拥有的关联关系越多，则说明与之相连的企业越多，主体获取更多资金和资源的可能性越大，所以企业的生存发展也受到其所在社会网络的影响。

本书考虑的社会资本包括企业在社会网络中获得的信息、人脉、策略、方案等资源。企业的财务风险和风险承担水平受资源获取能力的影响，在社会网络中的作用和影响力将展现出较大的差别。

2.5.2　社会网络的资源与风险传递理论

2.5.2.1　资源依赖理论

资源依赖理论最早在 *The External Control of Organizations* 中提出，吴小节等（2015）深度研究资源依赖理论，指出该理论说明了企业在市场经济用替代性资源减少对影响企业生存发展的重要资源的依赖的可能。企业要想生存，仅依靠自身资源是不够的，要从外部市场经济环境获取资源。王琳等（2020）认为该理论解释了企业的选择能力问题，为减少对于重要资源的依赖，企业可以选择那些提供这些重要资源的交易方，利用各种方式合理获取资源，不断改进自身生产模式。

资源依赖理论已经形成较成熟的核心观点。企业首先应对自身有清晰的认知，明确自身在正常经营发展过程中，对外部资源有多大的依赖性，并且明晰在市场环境中企业不是孤立存在的，要与其他企业、金融机构和政府部门等建立关联网络；其次，企业通过错综复杂的关联网络与多方进行交流合作、资源和物资的交换、所有权和管理权的有效转移等，获取影响企业生存发展的关键资源；最后，企业应不断完善生产运营系统，合理分配资源，科学规划未来发展方向，尽可能降低对外部环境的依赖，从根本上解决资源依赖问题。

从资源依赖理论的观点中可以发现，财务风险管理和风险承担水平控制的内部风险体系受到资源获取能力的制约，能够给予企业各类资源的其他企业成为其依赖方，若网络结构发生变化，影响企业外部资源的获取，那么企业自身的财务风险大小和风险承担水平也会有所变化。因此，资源依赖的存在有效解释了经济主体的风险管理策略问题，为本书基于社会网络理论研究企业财务风险和风险承担提供了理论基础。

2.5.2.2 关联交易理论和互惠理论

关联交易是企业之间进行资源转移的行为，通常由大股东的动机决定。关联交易理论分为交易费用理论、交易动机理论、交易监管理论三部分（孙工声 等，2007）。交易费用理论指出，由于经济市场上某些资源的供给是有限的，企业在和经济市场进行交易时会付出更多的成本。因此企业会选择非正式交易渠道来满足资源需求，例如，与其他企业之间进行交易创造内部交易市场，只要企业管理者认为内部市场的交易成本小于外部经济市场交易成本，就会发生关联交易。交易动机理论指出，企业进行关联交易的动机是减少交易成本，充分利用资源创造更多经济价值，提高企业竞争力。交易监管理论说明，相关监管部门应采取一定的措施，来保证企业关联交易行为的规范性和合理性。从关联交易理论可以看出，关联双方通过降低交易成本，给双方带来好处，这与互惠理论息息相关。Falk 等（2006）通过对多方交易互利现象的研究，首次提出互惠一词。Wu 等（2006）提出互惠理论：在交易关系中，一方向另一方提供资源，接受资源的那一方也要给资源提供方给予价值回报。互惠理论包含两个原则：互惠的及时性和互惠的等价性。互惠的及时性指接受资源方对提供方给予回馈的及时反应，例如，若接受方在得到资源的同时给予供给方回报，则认为此次互惠是及时的。互惠的等价性指接受方获取的资源与其回馈给供给方的东西，在价值上应该是相等的。基于关联交易和互惠理论，可以推断企业间社会网络的存在可以为网络成员带来更多的稀缺资源，从而实现共赢。此外应该注意到关联交易也可能产生风险，对于由共同股东形成的网络，大股东可能通过关联交易行为进行掏空，网络中关联企业间可能会遭遇风险转移。可见，社会网络在为企业带来便利的同时，也会存在风险传染的可能，不同类型的社会网络对企业的影响是否存在差异，值得进一步思考。

2.5.2.3 高层梯队和信息决策理论

Hambrick 等于1984年首次提出高层梯队理论，他们认为由于企业内部和外部环境的复杂性，管理者对于各个方面不可能达到全面认识，企业的高管团队中个体的特征，如平均年龄、学历、性别、学业背景等会反映其个体的认知结构与价值观，影响个体做出的战略选择，进而会影响企业的行为决策和经营绩效。其核心观点在于：高管团队成员由于个体特征的差异性，以及个体间价值观及认知观念的异质性，能对所面临境况或选择给予更全面的认知和考虑，进而有助于提高企业行为决策的质量（周晓惠 等，2017）。从社会学角度来看，高管团队成员特征所产生的变化可表现为成员个体拥有的社会资本不同时期下的差异性（李冬伟 等，2017），也说明个体拥有的社会资本的增加能够使决策更具优质性。而信息决策理论则强调决策是建立在信息或数据基础之上的，基于个人的价值准则，通过对信息进行分析后做出有关决定，即说明决策者所掌握的信息量会影响其所做出决定的质量。在企业生产经营活动的各个阶段，信息流动于信息源与决策者之间，决策者如何更快更多地获取数据、经验、知识、方法等信息，是其做出高质量决策的关键（毕新华 等，2007）。企业社会关系网络是其获取稀缺资源和重要信息的重要渠道，对于企业的高管兼任、高管联结等社会关系，这种社会关系使管理者拥有社会资本优势，提高了管理者所掌握的信息量，进而提高了其决策行为的质量。与此同时，企业能够与外部建立更多的联系，获取更多的合作机会。

2.6 社会网络在企业内部风险传染中的应用

在我国资本市场环境下，企业间形成网络关系是理性选择下的必然趋势。随着网络组织理论的发展，众多学者从企业间社会网络视角出发研究内部风险的传导问题，使用网络分析方法对网络结构特征进行深入分析，重点关注企业财务风险传染和风险承担传导机制的研究，并提供了有效的分析手段。

2.6.1 社会网络与财务风险的研究

较早的经典研究结果表明，公司内部治理能力和宏观经济环境都会影响其财务风险（Lee et al.，2004；Porta et al.，2002；Senbet et al.，2012；Darayseh et al.，2003；吴世农 等，2001）。企业间形成的复杂关系网络，在为企业发展提供稀缺资源并给融资带来便利的同时，也加大了财务风险蔓延的可能性，导致整个网络组织的动荡。基于复杂网络视角分析企业间关联网络中的风险传染日益成为学术界的研究方向。Cifuentes 等（2005）较早地研究了银行持有共同资产的间接关联网络模型；Fique 等（2013）通过银行最优化利润函数构建了银行同业拆借内生网络，从而将直接关联和间接关联相结合分析风险传染问题。

基于社会网络视角，度量财务风险传染的研究成为企业内部风险管理的主要手段。蔡星星等（2016）分析融资网络和温州民间借贷引起的财务风险传染。刘海明等（2016）研究上市公司担保网络的传染效应。李永奎等（2017）仿真模拟企业间关联信用网络的风险传染模型，揭示了风险传染特征。徐子慧（2018）通过担保关系构建关联网络，研究企业间关联网络中的风险传染机制。李冰清等（2023）基于网络结构研究企业集团内部风险传染机制，发现企业集团成员在受到异质性冲击时，若某家成员公司不能及时摆脱危机，极有可能导致整个集团财务风险传染及风险溢出。陈仕华等（2013）认为高管联结现象几乎在我国所有上市公司中都出现，其基于高管网络研究财务风险。张娟（2017）加强了高管网络理论，认为高管联结现象加强了风险承担决策的重要私有信息传播，可以有效缓解财务风险，她从网络角度出发，围绕企业间的商业信用构建关联网络，研究企业风险传染机制。

社会网络理论认为，管理者和持有者的社会关系能够为企业产生社会资本和资源，纵向兼任股东和高管为企业带来"监督"和"资源"效应，减少经理人的短视行为，降低资源占用、掠夺等行为对企业财务问题产生的负面影响（佟爱琴 等，2018）。因此，通过建立企业间股东和高管的复杂网络（社会网络），研究股东关联和高管联结对企业财务风险的作用机制和影响途径及相关的调节机制，对于防范企业财务风险、控制风险传染、规避系统性金融风险的发生等具有重要意义。

2.6.2 社会网络与企业风险承担水平的研究

企业间的复杂关联性使经济市场变成一个复杂系统，这种关联性的存在对于经济市场中资源传播和企业风险承担具有重要作用。企业的风险承担是一个资源消耗性过程，社会网络能够使企业获得投资决策所需的信息资源和资金资源，为主观承担高风险项目提供资源保障，帮助企业全面提高风险承担能力。学者普遍运用社会网络理论对企业网络结构和企业风险承担展开研究（Dahl et al.，2005；陈逢文 等，2019）。

目前，对这一领域的研究主要集中在企业管理者间密切关系构成的网络，对企业风险承担水平造成的影响。Shu等（2011）认为高管联结提供了信息沟通及信息传递的渠道，管理者可以从其网络关系中获取利益和关键信息，从而降低信息不对称带来的风险，增加企业的风险承担能力。邹海亮等（2018）基于社会网络视角对董事会连锁关系与环境绩效进行分析发现，社会网络在带给企业外部资源的同时，也对企业的行为具有约束和规范作用。徐毛毛（2019）通过董事网络研究其对企业风险承担的影响发现，董事网络与企业风险承担呈正相关关系，董事网络的种类不同，其对企业风险承担的增进作用也不同，其中，独立董事网络对风险承担有更显著的促进作用。

基于社会网络理论视角，深入挖掘企业间多重关联性的演化特征，揭示企业关联网络与企业风险承担的内在关系和作用机制，不仅能够丰富社会网络理论在企业风险领域的研究，而且对于提高企业风险承担能力、维护金融市场稳定具有一定的现实意义。

综上所述，针对企业间网络结构、基于网络的企业间财务风险传染及风险承担与企业之间的关联性，学者已经从多个视角进行了探讨，研究已经形成了较成熟的理论体系，并获得了丰富的成果，但还有一些研究内容尚显不足，具体表现为：

第一，现有文献多是基于经典复杂网络理论对企业间关联关系进行研究，学者基于多层网络视角的研究主要集中于银行多层网络（Bargigli et al.，2015；龚晨 等，2018；张希 等，2019；李守伟 等，2019）、银企多层网络（戚晶晶，2019）、金融市场多层网络（Poledna et al.，2015；李守伟 等，2020）。以复杂网络分析方法研究企业间关联关系已经取得许多成果，却少有文献探讨企业间股东关联与高管联结共同作用下的企业风险传染及风险承担水平。因此，有待从此角度进行更深入的研究。

第二，通过对现有文献关于企业网络的相关实证研究可以发现，企业网络理论具有小世界、无标度等拓扑特征，但并未解释网络结构特征的经济含义，且多数网络结构模型未能准确反映出企业间网络的形成过程。

第三，基于网络的企业间风险传染研究结果表明企业间的网络连接为风险传染提供了路径，现有研究主要针对单个传染渠道观察企业间风险传染机制，实际上企业间风险传染过程可以通过多条传染路径同时进行，并且多条路径相互影响，由此，多路径建立网络模型与多视角探讨风险传染机制有待进一步研究完善。

第四，现阶段对于影响企业间财务风险传染和风险承担水平的探索，大部分在静态网络上进行，只分析企业主体行为的改变对风险传染行为的影响，而忽略了企业主体行为演化引起的企业间网络结构动态性对风险传染的影响。所以，研究企业间的动态关联网络对财务风险传染和风险承担水平的作用是很有必要的。

现阶段以复杂网络分析方法深入研究企业间网络结构、基于网络的企业间财务风险传染及风险承担与企业之间的关联性已取得诸多成就，但是很少有学者去研究和探讨企业间股东关联与高管联结共同作用下的企业风险传染及风险承担水平。因此，本书将通过这两个新的方面与角度对企业间的关联关系进行更为深入的研究与探讨。

第3章 企业间高管网络、融资约束与财务风险

3.1 研究问题与研究假设

3.1.1 高管网络与企业财务风险的关系

企业间通过兼任多家企业的高管形成联结关系，称为高管联结现象（陈仕华 等，2013）。高管网络则是指以企业为节点，由这些节点之间的高管联结关系而形成的网络结构（谢德仁 等，2012）。企业间建立社会关系方式不同，其对企业财务风险的作用也不尽相同。本书所指的高管包括董事会、高级管理层及监事会成员，现有文献中关于高管社会网络的研究主要集中在连锁董事、企业集团内部和子母公司的共同高级管理人员，一人兼任多家企业的监事等情况，共同高管对于企业的风险管理决策具有较大的影响（高露丹 等，2021；王营 等，2014）。

高管联结是各企业在高管网络中建立联系的主要方式，同时是企业社会资本的重要表现形式。根据资源依赖理论，企业所拥有的稀缺资源与独特能力是其获得持久竞争优势、实现长远发展的关键（Penrose，1959）。高管网络是企业联系外部资源与环境的重要途径，作为企业间信息资源的载体，为企业发展带来了丰富的外部资源，因此，网络资源便成为企业成长的源泉。互惠理论强调企业间高管联结的建立可以实现双方（或多方）的共同利益，通过战略决策信息的交换共享来互助解决决策过程中面临的复杂性、多变性和不确定性问题，降低企业由信息不对称等引发财务风险的可能性，扩大企业在面临财务困境时的战略选择范围。高层梯队理论认为管理层在面对公司财务危机时的决策行为会受到自身价值观、专业能力、知识结构等方面的制约（Hambrick et al.，1984），使得决策方案缺乏全面性的考虑，而高管网络可以提高企业获取信息的速度和覆盖率，在弥补管理层决策局限性的同时方便管理者对企业外部经济环境变化做出及时的判断和分析，有助于加强企业内部监督并完善内部控制，力争将财务风险降至最低。信息决策理论指出，企业经营活动中信息获取的数量和质量影响高管决策的水平，而高管网络中的位置优势是企业获取经济利益、提高信息资源的异质性及优质性的基础（张

功富 等，2017）。因此，位于网络中心位置的企业更易于提高高管的决策质量并获取更多的信贷资源，降低企业的融资成本，避免经营决策失误、盲目投资等行为，进而有效规避财务风险。（见图3-1）

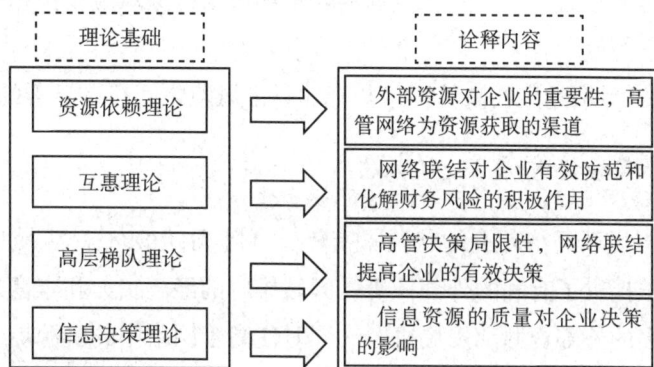

图3-1 理论分析框架图

基于上述理论分析，企业间的高管如果存在联结现象，便能够扮演传递关键信息、抑制各类风险和降低不确定性等角色；能够在企业获取资金资源配置、融资环境改善等影响投资机会和资金成本的信息时，迅速地反映到投资决策中，强化企业经营的内部信息和市场环境等外部信息；进而帮助处于企业间高管网络中的管理者做出最优的经营与治理决策，全面提高企业经营效益与公司治理水平，降低财务风险，增加公司的未来价值。研究结果推测企业间高管的网络关系越丰富，企业通过共同高管的联系越紧密，获得风险承担的资源保障越多，从而越能帮助企业全面降低财务风险。根据上述分析，本书提出如下假设。

研究假设3-1：在企业间高管网络中，网络中心性与财务风险水平呈负相关。

3.1.2 融资约束在高管网络与企业财务风险关系中的中介效应

随着企业技术的不断提升和生产规模的不断扩大，企业会借助外部融资满足自身的投资需求。基于信息不对称理论，若企业面临较大程度的信息不对称，将导致企业外部融资成本过高以致面临严重的融资约束，高管网络促进了企业与外部的信息交流与沟通，通过高管联结将公司信息传播出去，增强借贷双方之间的信息透明度，缓解信息不对称，降低了融资成本（王营 等，2014）。根据声誉理论，联结高管往往具有较高的声誉（Fama et al.，1983），高管所拥有的这种声誉资源优势无形中为企业的还款履约能力提供了担保，有助于增强企业外部融资的信誉，降低融资约束。此外，企业拥有更多的联结高管，有利于企业掌握丰富的信贷资源，可以为企业提供更多的融资渠道，有效避免企业陷入融资约束的困境。因此，高管网络有利于减轻企业的融资约束。

当企业面临高融资约束时，外部融资的成本趋于增加，这便要求企业的内部资金必须充足，无形中促使企业偏向于投资高风险、高收益的项目，企业承担了更大的财务风险。另外，融资约束导致企业的资金流转和外源融资较困难，进而导致企业生产绩效和经营利润降低，此链式反应会让企业陷入危险的恶性循环，导致企业陷入更加难以解决的财务困境，甚至面临破产。因此，企业的融资约束与财务风险呈正相关。根据上述分析，本书提出如下假设。

研究假设3-2：融资约束在高管网络与企业财务风险之间存在显著的中介效应。

3.1.3 区域经济发展的调节效应

企业的发展与区域经济环境的状况紧密相关（陈亮，1998）。区域良好的经济发展水平为企业的成长提供了有利的外部环境，区域雄厚的经济实力和丰富的资源，为该地区企业提供了更多的外部资源和发展机会，同时使高管网络中的资源更多元化，提高了高管联结中企业间信息传递的异质性和多样性，有效降低了信息不对称程度，缓解了企业的融资约束，提高了企业的战略决策质量，进而提高了企业化解财务风险的能力。此外，经济发达区域企业的数量更多，高管联结现象更普遍，网络结构的复杂性和紧密性更有利于企业间进行信息交流、资源互通等活动，促进企业以更优质的信息和资源适应经济环境和行为主体的改变，有效防范企业财务危机的发生。根据上述分析，本书提出如下假设。

研究假设3-3：经济发展水平越高的地区，高管网络对企业财务风险的影响越显著，且区域经济在高管网络与企业财务风险关系中的调节效应也越显著。（见图3-2）

图3-2 研究假设逻辑框架

3.2 高管网络模型构建

3.2.1 企业间高管网络的建立

本书以2010—2019年全国A股上市公司为样本，构造以上市公司为节点的企业间复杂高管网络。若两家上市公司拥有 n（$n \geq 1$）个共同高管，则它们会形成连接节点，

它们之间产生度为 n 的连接，有发生信息传递的可能。若两家上市公司没有共同高管，则它们在复杂高管网络中不形成连接。

图3-3为2010年、2015年和2019年高管网络图，其中节点代表上市公司。2010—2017年，企业的跨区域和多元化发展使高管联结现象越来越多，企业间高管网络的连接节点逐年增加，由2010年的1420个增长至2017年的2768个，而孤立节点数量呈下降趋势，由20个下降至9个。从图3-3可以看出，经过7年的发展，企业间通过高管联结建立的网络节点间的联系越来越紧密。2018年上市公司的高管离职潮使企业间高管联结现象大量减少，尤其以房企为主，Wind数据显示，共有近2000名房企高管离任，创下5年来房企高管离职人数新高。其中，高管频繁离职的企业不乏万科、恒大，万达、龙湖等知名房企。

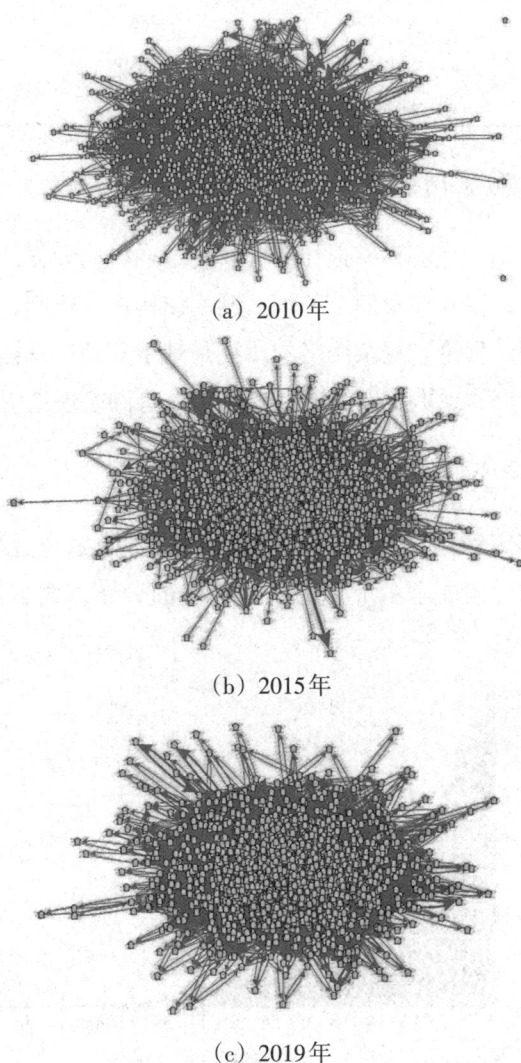

(a) 2010年

(b) 2015年

(c) 2019年

图3-3　2010年、2015年、2019年上市公司间高管网络图

2018年和2019年高管网络孤立节点的比例大幅增加，这两年的高管网络较2017年更稀疏。表3-1展示了2010—2019年节点数的动态变化。

表3-1　2010—2019年企业间高管网络节点数

年份	节点总数/个	连接节点数/个	孤立节点数/个
2010	1440	1420	20
2011	1760	1728	32
2012	2107	2076	31
2013	2219	2199	20
2014	2216	2200	16
2015	2342	2334	8
2016	2555	2548	7
2017	2777	2768	9
2018	3346	3080	266
2019	3407	3156	251

3.2.2　企业间高管网络的统计特征

网络结构有助于识别、理解和模拟相互关联的金融机构和复杂多变的市场系统。对于当前网络模型的研究，主要涉及四个领域：网络结构形成机制、网络模型估计、复杂网络拓扑结构和分层网络理论。复杂网络的研究是基于其结构特性的研究，而节点的中心性、平均最短距离、聚类系数等网络特性参数在复杂网络理论中常见。

3.2.2.1　节点的中心性

由表3-1知2017年高管网络共有2777个连接节点，9家企业和其他企业无共同高管，属于孤立节点。图3-4展示了节点的度中心性的分布，大多数节点的度中心性较

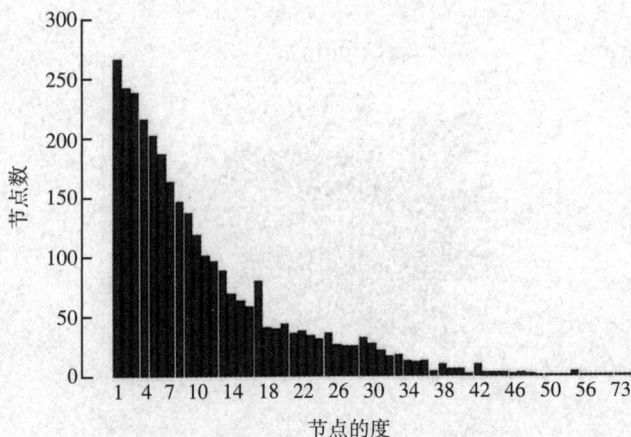

图3-4　企业间高管网络度中心性的分布

小，度中心性大于 20 的节点占比较小。一些节点处于网络中心位置，它们与其他企业共同高管较多，经营管理信息汇集于此，是高管网络的中心节点。当一家企业发生财务危机时，其高管通过所处的高管网络可以更好地获取该网络中的社会资源和信息资源，如市场环境变化的识别、高收益项目的选择、信息披露方式的选择等，以此使目标企业更好地规避财务风险。因此，处于高管网络中的管理者会不断适时地对企业的财务战略进行调整，以适应内外部环境的改变，实现企业价值最大化。

本书计算了 2019 年企业间高管网络各节点中心性的 Pearson 相关系数（见表 3-2）。网络节点的度中心性与其他三种节点中心性的相关系数都较大，且均在 1%水平下显著。

表 3-2　企业间高管网络各节点中心性的 Pearson 相关系数

变量	度中心性	介数中心性	接近中心性	特征向量中心性
度中心性	1.000			
介数中心性	0.731***	1.000		
接近中心性	0.311***	0.168***	1.000	
特征向量中心性	0.505***	0.187***	0.084***	1.000

注：***表示在 1%水平下显著。

3.2.2.2　平均最短距离

图 3-5 为 2010—2019 年企业间高管网络的平均最短距离的变化曲线，可以看出，2010—2017 年平均最短距离呈下降趋势，企业间通过共同高管连接得越来越紧密，2018 年高管离职潮使平均最短距离急速变大，企业间高管网络变得稀疏。

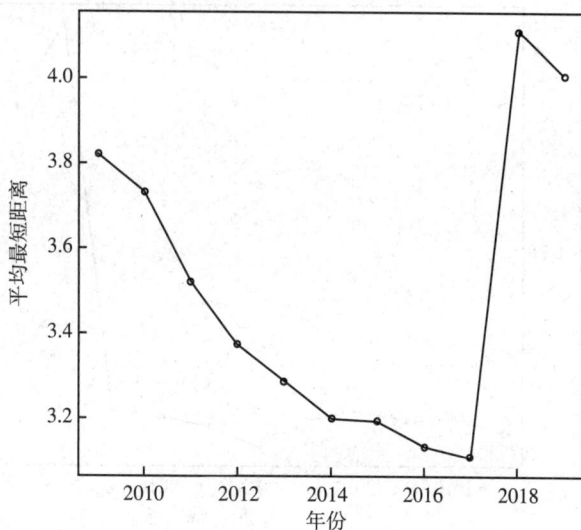

图 3-5　2010—2019 年高管网络平均最短距离

以2019年高管网络的最短距离分布为例（见图3-6），大部分节点间的最短距离为3~4，平均最短距离为3.104，较短的节点间距离表明了高管网络信息资源传递的便利性，有利于帮助企业获得更多优质资源，带来控制财务风险的策略。

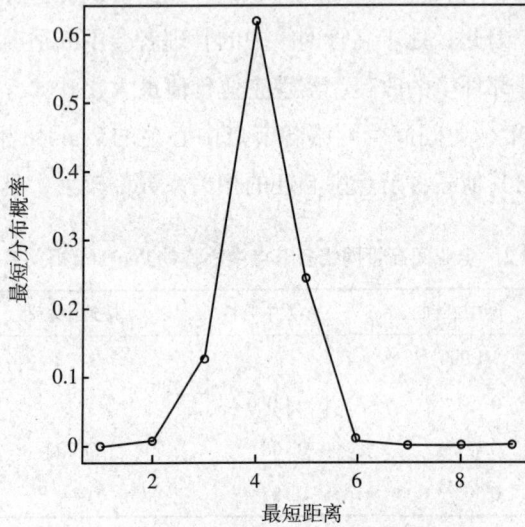

图3-6　2019年高管网络的最短距离分布

3.2.2.3　聚类系数

本书统计了2010—2019年企业间高管网络的聚类系数（见图3-7），2010—2017年企业间高管网络的聚类系数稳定在0.3以下，显示了较强的层次结构，2018年由于网络变稀疏，聚类系数增加。

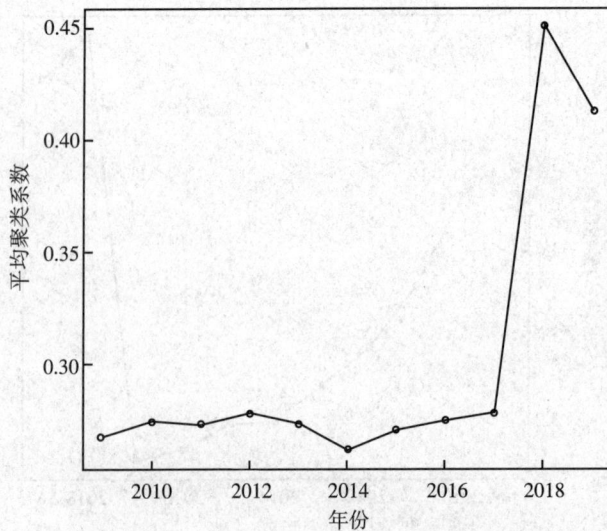

图3-7　2010—2019年高管网络的平均聚类系数

3.3　实证分析

3.3.1　实证研究设计

本书的数据来自 CSMAR 数据库和 Wind 数据库，样本选取 2010—2019 年我国 A 股上市公司，并进行数据处理：① 剔除 ST、*ST 和 PT 类样本；② 剔除数据极端异常和数据缺失的样本。

经上述处理，在观测时间内全国 A 股上市公司共有 22032 个面板数据观察值，为消除极端值的影响，本书对主要变量进行了上下 1% 的 winsorize 处理。

本书建立面板回归模型，研究企业间高管网络的特征与财务风险之间的关系。选取能直接代表企业间高管网络重要程度的度中心性和紧密程度的接近中心性作为自变量。对于因变量、调节变量、中介变量和其他控制变量的选择如下。

（1）被解释变量：企业财务风险。

采用 Zhang 等（2010）的将 Z-score（简称 Z 值）作为财务风险的指标，该模型适用于我国企业的财务风险评估，且符合以下规律：Z 值与财务风险反向代表。

值得注意的是，Z 值的计算值与企业的财务风险之间存在着相反的关系，这意味着 Z 值越低的公司财务风险越高，越有可能破产。

（2）解释变量：度中心性和接近中心性。

选取网络节点的度中心性（Degree）和接近中心性（Closeness）作为解释变量，来衡量企业间高管网络的重要程度。度中心性是描述节点重要程度最直接的统计指标，度中心性高说明企业间由共同高管构建了大量的直接关系，无形中给公司治理带来了独特的社会资本，如信息优势、声誉的积累及资源获取渠道等（陈运森，2012）。接近中心性是通过网络的整体特征来解释节点中心性的度量指标，其值越高，说明节点（企业）与其他节点（企业）的连接距离越近，促进了企业之间的关键信息转移，在一定程度上保证了风险及决策信息传递的真实性，降低了信息资源流动的时间损耗（王永贵 等，2019）。因此，度中心性和接近中心性的值越大，说明节点中心性越高。网络中心性所带来的优势和利益，对于公司的治理及风险决策等都有很大的帮助。

（3）中介变量：融资约束。

目前对于融资约束的度量主要使用单变量指标分析法，本书中融资约束的度量方法源于 SA 指数（Hadlock et al.，2010）的测度方法，包括企业经营时间和规模两个指标，理由在于：我国中小企业发展过程中，普遍存在着融资成本高、融资困难的问题（吕劲松，2015）；上市时间较短的企业在运营、荣誉等方面的实力或能力都比上市时间较长的企业弱，因此在向资本市场或银行进行融资时，会面临较高的成本（郭牧炫等，2011）。SA指数的构建方法较好地概括了融资约束的思想，SA指数绝对值越大，代表企业所处的融资约束环境越严峻。由企业规模和经营时间两个变量构建而成的SA指数，有效避免了变量的内生性问题，计算公式为

$$SA = -0.737 \times Size + 0.043 \times Size^2 - 0.04 \times Age \tag{3-1}$$

（4）调节变量：区域经济。

将全国区域划分为经济发达地区和经济欠发达地区，企业位于经济发达地区则变量取1，否则取0。

（5）控制变量。

借鉴于富生等（2008）、吴国鼎等（2015）和李秉成等（2013）的研究，基于影响财务风险相关控制变量，进一步考虑到企业高管网络的相关影响因素会造成财务风险水平的差异，本书控制了公司治理、宏观经济和行业等变量。全部变量定义与说明见表3-3。

表3-3　变量定义与说明

变量类型	变量符号	变量名称	变量定义
因变量	Z-score	财务风险	数据库定义
自变量	Degree	度中心性	详见式（2-1）
	Closeness	接近中心性	详见式（2-3）
中介变量	SA	融资约束	详见式（3-1）
调节变量	RE	区域经济	企业位于经济发达地区取1，否则取0
	TAT	总资产周转率	销售收入总额/平均总资产
	NDTS	非债务税盾	年度固定资产折旧额/年末总资产
	Pro	盈利能力	利润总额/盈利收入
	Com	管理层薪酬	ln（管理层薪酬）
	Growth	成长能力	营业收入增长率
公司层面变量	Per10	十大股东持股比例	企业十大股东持股比例之和
	Size	公司规模	ln（总资产）
	Attribution	控制人类型	国有或集体企业取0，民营企业取1
	Tangible	资产有形性	固定资产/总资产
	Lev	资本结构	总负债/总资产
行业变量	Industry	行业竞争性	全行业平均值
	CPI	通货膨胀率	消费者物价指数增长率
宏观经济变量	GDP	实际GDP增长率	（本期实际GDP-上期实际GDP）/上期实际GDP
	M1	货币政策变动	货币供应量

为研究企业间高管网络对财务风险的影响，建立实证模型，模型3-1分别以节点中

心性（*Degree*）和接近中心性（*Closeness*）为解释变量，研究高管网络中心性对企业财务风险的影响。

模型 3-1：

$$Z\text{-}score_{i,\,t}=\beta_0+\beta_1 Degree_{i,\,t}/Closeness_{i,\,t}+\beta_2 TAT_{i,\,t}+\beta_3 NDTS_{i,\,t}+$$

$$\beta_4 Pro_{i,\,t}+\beta_5 Com_{i,\,t}+\beta_6 Growth_{i,\,t}+\beta_7 Per10_{i,\,t}+\beta_8 Size_{i,\,t}+$$

$$\beta_9 Attribution_{i,\,t}+\beta_{10} Tangible_{i,\,t}+\beta_{11} Lev_{i,\,t}+\beta_{12} Industry_{i,\,t}+$$

$$\beta_{13} CPI_t+\beta_{14} GDP_t+\beta_{15} M1_t+\sum Year+\sum Firm+\varepsilon_{i,\,t}$$

为研究融资约束在高管网络与财务风险间的中介效应，建立实证模型 3-2。模型 3-2分别以节点中心性（*Degree*）和接近中心性（*Closeness*）为解释变量，来研究高管网络中心性对企业融资约束的影响。模型 3-3 在模型 3-1 的基础上增加了融资约束变量（*SA*），以探讨企业融资约束对财务风险的影响，通过模型 3-2 和模型 3-3 来验证融资约束所具有的中介效应。

模型 3-2：

$$SA_{i,\,t}=\beta_0+\beta_1 Degree_{i,\,t}/Closeness_{i,\,t}+\beta_2 TAT_{i,\,t}+\beta_3 NDTS_{i,\,t}+\beta_4 Pro_{i,\,t}+$$

$$\beta_5 Com_{i,\,t}+\beta_6 Growth_{i,\,t}+\beta_7 Per10_{i,\,t}+\beta_8 Size_{i,\,t}+\beta_9 Attribution_{i,\,t}+$$

$$\beta_{10} Tangible_{i,\,t}+\beta_{11} Lev_{i,\,t}+\beta_{12} Industry_{i,\,t}+\beta_{13} CPI_t+\beta_{14} GDP_t+$$

$$\beta_{15} M1_t+\sum Year+\sum Firm+\varepsilon_{i,\,t}$$

模型 3-3：

$$Z\text{-}score_{i,\,t}=\beta_0+\beta_1 Degree_{i,\,t}/Closeness_{i,\,t}+\beta_2 SA_{i,\,t}+\beta_3 TAT_{i,\,t}+\beta_4 NDTS_{i,\,t}+$$

$$\beta_5 Pro_{i,\,t}+\beta_6 Com_{i,\,t}+\beta_7 Growth_{i,\,t}+\beta_8 Per10_{i,\,t}+\beta_9 Size_{i,\,t}+$$

$$\beta_{10} Attribution_{i,\,t}+\beta_{11} Tangible_{i,\,t}+\beta_{12} Lev_{i,\,t}+\beta_{13} Industry_{i,\,t}+$$

$$\beta_{14} CPI_t+\beta_{15} GDP_t+\beta_{16} M1_t+\sum Year+\sum Firm+\varepsilon_{i,\,t}$$

为研究区域经济在高管网络与融资约束关系之间的调节效应，建立实证模型 3-4，模型 3-4 在模型 3-2 的基础上增加了区域经济变量（*RE*）及其与解释变量（*Degree*、

Closeness）的交互项，交互项 *Degree×RE* 和 *Closeness×RE* 用来衡量高管网络与区域经济的交互作用，若交互项的估计系数显著为正，则说明企业所处区域经济水平高，高管网络中心性影响企业财务风险的效果明显，反之效果不明显。

模型3-4：

$$SA_{i, t} = \beta_0 + \beta_1 Degree_{i, t}/Closeness_{i, t} + \beta_2 RE_{i, t} + \beta_3 Degree_{i, t}/(Closeness_{i, t} \times$$

$$RE_{i, t}) + \beta_4 TAT_{i, t} + \beta_5 NDTS_{i, t} + \beta_6 Pro_{i, t} + \beta_7 Com_{i, t} + \beta_8 Growth_{i, t} +$$

$$\beta_9 Per10_{i, t} + \beta_{10} Size_{i, t} + \beta_{11} Attribution_{i, t} + \beta_{12} Tangible_{i, t} +$$

$$\beta_{13} Lev_{i, t} + \beta_{14} Industry_{i, t} + \beta_{15} CPI_t + \beta_{16} GDP_t + \beta_{17} M1_t +$$

$$\sum Year + \sum Firm + \varepsilon_{i, t}$$

3.3.2　样本描述性统计分析

表3-4对全国A股上市公司2010—2019年年度样本的主要变量做了描述性统计分析。可以看出，样本期内企业Z值的均值为37.356，多数企业的财务风险较小，财务状况良好。但财务风险的波动较大，标准差为74.395，是均值的两倍左右，说明一些企业存在较大的财务风险。高管网络的度中心性均值为14.457，说明很多高管在多家企业任职。高管网络接近中心性经 winsorize 处理后的均值为2，而最大值为4.1，最小值为 8.93×10^{-3}，表明企业之间通过共同高管传播信息的速度差异较大。融资约束的均值为3.638，其标准差值较大，说明企业中所面临的融资约束程度差别较大。关于控制变量，可以看到，资产负债率均值为55.204，负债占比较高，可能导致企业财务风险加大。在取自然对数后，2010—2019年企业规模的均值为22.107，最大值为28.520，最小值为16.161，可认为样本的企业规模差异不大。其他变量不再一一赘述。

表3-4　样本主要变量描述性统计

变量	观察样本量	均值	标准差值	最小值	最大值
Z-score	22032	37.356	74.395	−360.621	433.909
Degree	22032	14.457	11.360	0.000	120.000
Closeness	22032	2.000	1.200	8.93×10^{-3}	14.100
SA	22032	3.638	0.273	2.350	3.826
RE	22032	0.656	0.032	0.000	1.000
TAT	22032	0.683	0.601	0.000	22.236

表3-4（续）

变量	观察样本量	均值	标准差值	最小值	最大值
NDTS	22032	0.020	0.016	0.000	0.217
Pro	22032	0.098	2.058	−221.119	148.383
Com	22032	6.024	0.739	0.788	9.734
Growth	22032	24.514	304.709	−100.000	36753.2
Own	22032	57.918	15.501	1.320	101.160
Size	22032	22.107	1.322	16.161	28.520
Attribution	22032	0.225	0.170	0.000	0.971
Tangible	22032	0.593	0.491	0.000	1.000
Lev	22032	55.204	10.912	30.88	75.400
Industry	22032	0.436	0.210	−0.195	0.998
CPI	22032	2.226	1.270	−0.680	5.490
GDP	22032	7.428	1.739	2.550	11.275
M1	22032	12.453	7.315	3.550	26.720

3.3.3 回归分析

本书借鉴以往的研究，针对面板数据进行回归分析。对高管网络特性与财务风险Z值的关系、融资约束的中介效应和区域经济的调节效应进行实证检验，并在各区域建立企业间高管网络，建立面板回归模型进行区域比较分析，进一步验证区域经济对高管网络与财务风险间关系的直接调节作用。

表3-5的（1）（2）列报告了模型3-1的回归结果。以全国A股上市公司为样本构建企业间高管网络，其中列（1）是以节点度中心性（Degree）为解释变量的回归结果，列（2）是以接近中心性（Closeness）为解释变量的回归结果。检验结果表明：度中心性和接近中心性回归系数分别为0.406和1.208，自变量对财务风险解释程度较大，t值分别是8.56和28.33，均在1%水平下显著，表明企业间高管网络的度中心性和接近中心性均对Z值有显著的正向影响，也就是说企业间高管联结越紧密，财务风险越低，支持研究假设3-1。对于其他控制变量的实证结果，总资产周转率（TAT）回归系数显著为正，总资产周转率越大，企业变现速度越快，越能够有效保障到期债务的偿还，从而大大降低企业的财务风险。盈利能力（Pro）回归系数显著为正，企业的盈利效率越高，通过风险投资获取收益的行为动机越弱，企业由此承担的风险也越少。管理层薪资（Com）回归系数显著为正，薪酬激励能够激发管理者的工作热情，能够做出更为合理的经营决策，使得企业面临较少的财务风险。成长能力（Growth）的回归系数显著为负，企业在不断扩大生产经营、追求迅速发展的同时，投融资规模也会逐渐扩大，由此

表3-5 回归分析检验结果

变量	(1) Z-score	(2) Z-score	(3) SA	(4) SA	(5) Z-score	(6) Z-score
Degree	0.406***		−0.835**		0.365**	
	(8.56)		(−2.08)		(2.56)	
Closeness		1.208***		−1.060**		0.105**
		(28.33)		(−2.43)		(2.32)
SA					−0.257**	−0.346**
					(−1.99)	(−2.12)
TAT	0.326*	0.563***	−0.073***	−0.063***	0.356	0.468**
	(1.75)	(3.09)	(−11.05)	(−10.95)	(0.95)	(2.14)
NDTS	−2.745	3.379	−2.357	−2.656	−1.985	2.466
	(−0.38)	(0.48)	(−1.48)	(−0.99)	(−0.18)	(0.33)
Industry	0.018	0.028**	0.009*	0.012*	0.025*	0.032**
	(1.35)	(2.19)	(1.66)	(1.95)	(1.75)	(2.01)
Pro	3.723***	3.478***	−0.036*	−0.756*	4.326***	3.056***
	(12.41)	(11.81)	(−1.75)	(−1.85)	(13.34)	(10.76)
Com	0.296**	0.402***	−0.276**	−0.294***	0.176*	0.395***
	(2.51)	(3.49)	(−1.98)	(−3.93)	(1.67)	(3.23)
Growth	−0.005***	−0.004***	−0.124***	−0.128***	−0.010***	−0.005***
	(−4.33)	(−3.89)	(−6.34)	(−9.54)	(−4.95)	(−3.95)
Per10	0.050***	0.049***	−0.034***	−0.062***	0.066***	0.042***
	(10.09)	(10.22)	(−22.20)	(−23.95)	(10.32)	(10.05)
Size	−2.126***	−2.097***	−0.333***	−0.334***	−2.056***	−2.100***
	(−23.51)	(−23.73)	(−7.51)	(−7.53)	(−22.48)	(−23.98)
Tangible	−3.738***	−4.285***	0.168**	0.176**	−3.236***	−4.026***
	(−5.95)	(−6.94)	(2.28)	(2.46)	(−5.74)	(−5.46)
Attribution	0.389	0.166	−0.118*	−0.113*	0.366	0.178
	(1.37)	(0.59)	(−1.69)	(−1.85)	(0.28)	(0.54)
Lev	−20.605***	−20.305***	−16.852***	−16.876***	−20.556***	−20.600***
	(−52.44)	(−52.67)	(−45.71)	(−45.55)	(−51.37)	(−53.15)
CPI	−0.853***	−0.312***	0.576**	0.532**	−0.874***	−0.304***
	(−15.61)	(−5.45)	(1.98)	(1.97)	(−15.89)	(−5.32)
GDP	0.537***	0.219***	−0.869***	−0.876**	0.496***	0.230***
	(13.72)	(5.47)	(−2.57)	(−1.98)	(12.86)	(6.09)
M1	0.057***	−0.005	−0.016**	−0.014**	0.065***	−0.009*
	(11.28)	(−0.91)	(−1.99)	(−1.97)	(12.04)	(−1.70)
Constant	54.581***	54.520***	47.936***	48.276***	53.269***	54.663***
	(27.24)	(27.84)	(30.33)	(31.36)	(26.90)	(28.05)
Year	yes	yes	yes	yes	yes	yes
Firm	yes	yes	yes	yes	yes	yes
N	22032	22032	22032	22032	22032	22032
R-squared	0.270	0.298	0.198	0.186	0.263	0.254

注：括号中为 t 值，***、**和*分别表示在1%，5%和10%水平下显著。

会面临更大的外部环境随机性，从而财务风险也会更大。十大股东持股比例（$Per10$）回归系数显著为正，股权的集中会使当企业财务状况恶化时，控股股东利用自身资源来给予企业帮助，缓解企业的财务危机。公司规模（$Size$）的回归系数显著为负，通常假设企业资产额越大，相对融资能力和实力越具优势，但往往企业规模越大，当企业陷入财务困境时，摆脱困境越困难，企业内部对于经营策略的及时转变不够灵活，因此存在着企业规模与财务风险 Z 值呈负相关的可能性。资产有形性（$Tangible$）的负系数表明企业的固定资产比例越大，财务风险水平相对也会越高。资本结构（Lev）的系数显著为负，其值越大，负债程度越高，企业财务风险越大。通货膨胀率（CPI）的回归系数显著为负，通货膨胀会导致企业筹资数额的增加，致使企业筹资风险加剧，由此企业面临的财务风险也会增加。实际 GDP 增长率（GDP）的回归系数显著为正，GDP增长率上升时，企业外部宏观经济条件较好，由此企业内部财务风险的发生概率也会较小。

3.3.4　融资约束的中介效应分析

社会网络理论强调了网络中蕴含着丰富的资源，网络成员之间具有更好的信任关系和共享机制及相似的行为模式。鉴于信息不对称理论，高管联结形式的社会网络能够实现企业间的资源互通和信息传递，以缓解企业的信息不对称问题，降低企业融资约束程度（高增亮 等，2019）。融资约束作为影响企业财务风险的重要因素，较高的融资约束将导致企业面临高融资成本，企业财务风险由此增加（Hao，2020），而高管网络能够缓解企业信息不对称从而增强企业融资能力、降低融资成本、提高融资效率，进而降低企业的财务风险水平。因此，企业间高管网络会通过融资约束中介对企业财务风险产生影响。

本书借鉴温忠麟等（2004）对中介效应的分析方法，基于模型 3-2 和模型 3-3，对融资约束在高管网络与财务风险关系间的中介效应进行回归分析检验，结果如表 3-5 中的（3）（4）（5）（6）列所示。其中列（3）和列（4）的被解释变量均为融资约束（SA），解释变量分别为节点度中心性（$Degree$）和节点接近中心性（$Closeness$），目的是考察高管网络中心性是否有助于缓解企业的融资约束。列（5）和列（6）被解释变量均为企业财务风险 Z 值（$Z\text{-}score$），核心解释变量均为融资约束，考察融资约束能否降低企业的财务风险。通过上述两步检验过程来验证融资约束具有的中介效应。检验结果表明：度中心性和接近中心性对融资约束的影响均在 5% 水平下负向显著，表明企业间高管网络联结越紧密，企业融资约束程度越小。加入融资约束中介变量后，度中心性与接近中心性对企业财务风险 Z 值的影响均在 5% 水平下正向显著，融资约束对企业财务风险 Z 值的影响在 5% 水平下负向显著，表明企业融资约束程度越高，Z 值越小，企业面临的财务风险就越高。通过上述分析可以得出融资约束在高管网络影响企业财务风险方面存在显著的中介效应，支持研究假设 3-2。

基于上述检验结果，根据资源依赖理论，高管联结可以提供渠道，帮助企业了解其他企业的运营信息和风险收益等（彭正银 等，2019）。处于网络中心位置的企业作为多类信息的汇合处，其资源渠道优势明显，更容易获取大量的外部资源和商业机会（巫景飞 等，2008），这些都非常有助于企业缓解融资约束，规避财务风险。所以，企业间高管网络中节点的度中心性越大，其获取外部资源的机会越多，越能帮助企业掌握有利的资源竞争优势。高管是企业战略决策的主要策划者和决策者，因而高管层能够直接触及公司重大决策信息。当企业面临财务风险时，企业间高管网络节点的接近中心性越大，其高管联结得越紧密，风险承担决策的重要私有信息更为丰富（张敏 等，2015），能获得更多决策方案时的重要参考，且鉴于共同高管的重要身份，这种信息渠道更直接、更具有准确性。所以，企业间高管网络的接近中心性对企业的财务风险有明显的负影响，可见融资约束在高管网络影响企业财务风险方面存在中介效应。

3.3.5　区域经济的调节效应分析

经济的发展促使个体和组织间形成各种各样的网络而成为互通资源或信息的重要渠道，企业间的高管网络也是如此。左晓宇等（2017）研究发现不同经济区域的企业间董事网络的规模、广泛性、紧密度等都有所差异，其中位于长三角区域的上市公司间形成了整体而广泛的网络，少有企业未成立网络联盟。位于经济发达区域的企业，往往会将企业间网络作为自身的战略选择，广泛而紧密的网络联盟有助于企业应对环境的不确定性及对资源的获取，对企业财务风险的影响更为明显。邹国庆等（2010）研究组织冗余与企业绩效的关系，发现随着宏观制度质量的提高，组织冗余对企业绩效的影响会减弱。Wolff 等（2015）在研究企业组织学习与创新绩效关系时，也发现组织学习能力向创业导向的转化受制于制度环境质量。不同变量间的关系理论上并不仅限于企业间的相关关系，需要同时考虑外部经济因素对企业间相关关系的影响，因此我们预期高管网络在对企业财务风险产生影响时，区域经济会在企业之间起到调节作用。

本书借鉴温忠麟等（2014）具有中介效应的检验程序方法，基于模型3-4，来验证研究假设3-3中区域经济对高管网络和企业融资约束关系间的调节作用。回归结果如表3-6所示：在列（1）和列（2）中，当加入区域经济变量（RE）时，高管网络的度中心性和接近中心性对财务风险Z值的影响仍在1%水平下正向显著，但区域经济对于财务风险Z值的影响并不显著。由列（3）和列（4）回归结果可知，度中心性和接近中心性对融资约束的影响在5%水平下负向显著，且区域经济与度中心性和接近中心性的交互项对融资约束的影响均在10%水平下负向显著，说明企业所处地区经济越发达，高管网络缓解企业融资约束的效果越明显。通过列（5）和列（6）可知，在加入区域经济变量后，融资约束对财务风险Z值的影响在5%水平下仍负向显著。以上三步检验过程说明：区域经济对于高管网络缓解企业融资约束具有正向调节作用，区域经济条件越好，高管网络缓解融资约束越有效，融资约束程度的降低进一步缓解了企业面临的财务风险，由此验证了研究假设3-3中区域经济对高管网络缓解企业融资约束和企业财务风险的正向调节作用。

表3-6　区域经济的调节效应检验结果

变量	(1) Z-score	(2) Z-score	(3) SA	(4) SA	(5) Z-score	(6) Z-score
Degree	0.317*** (7.57)		−0.742** (−1.99)		0.357** (2.42)	
Closeness		1.281*** (26.12)		−1.012** (−2.21)		0.101** (2.09)
SA					−0.260** (−1.99)	−0.352** (−2.36)
RE	0.195 (0.73)	0.183 (0.57)	0.089 (0.63)	0.080 (0.59)	0.203 (0.86)	0.191 (0.71)
Degree × RE			−0.124* (−1.85)			
Closeness × RE				−0.132* (−1.93)		
TAT	0.325* (1.73)	0.566*** (3.12)	−0.076*** (−11.19)	−0.059*** (−10.57)	0.363 (0.99)	0.469** (2.21)
NDTS	−2.732 (−0.29)	3.382 (0.51)	−2.334 (−1.28)	−2.648 (−0.93)	−1.996 (−0.32)	2.470 (0.41)
Industry	0.015 (1.34)	0.028** (2.20)	0.010* (1.76)	0.010* (1.88)	0.032* (1.82)	0.031** (1.98)
Pro	3.732*** (12.53)	3.479*** (11.84)	−0.039* (−1.86)	−0.049* (−1.72)	4.323*** (13.15)	3.060*** (10.81)
Com	0.295** (2.49)	0.405*** (3.50)	−0.264** (−1.97)	−0.285*** (−3.81)	0.177* (1.69)	0.386*** (3.02)
Growth	−0.005*** (−4.32)	−0.004*** (−3.88)	−0.126*** (−6.56)	−0.130*** (−7.46)	−0.016*** (−4.99)	−0.004*** (−3.56)
Per10	0.051*** (10.10)	0.050*** (10.32)	−0.037*** (−22.23)	−0.050*** (−23.85)	0.072*** (10.76)	0.045*** (10.16)
Size	−2.127*** (−23.53)	−2.096*** (−23.62)	−0.335*** (−7.52)	−0.331*** (−7.46)	−2.067*** (−22.59)	−2.123*** (−24.05)
Tangible	−3.739*** (−5.94)	−4.284*** (−6.89)	0.168** (2.30)	0.178** (2.52)	−3.228*** (−5.38)	−4.037*** (−5.58)
Attribution	0.390 (1.38)	0.167 (0.60)	−0.113* (−1.59)	−0.110* (−1.72)	0.367 (0.31)	0.193 (0.64)
Lev	−20.610*** (−52.59)	−20.307*** (−52.78)	−16.862*** (−45.78)	−16.878*** (−45.57)	−20.568*** (−51.46)	−20.612*** (−53.26)
CPI	−0.862*** (−15.97)	−0.311*** (−5.44)	0.577** (1.99)	0.533** (1.98)	−0.875*** (−15.92)	−0.302*** (−5.30)

表 3-6（续）

变量	(1) Z-score	(2) Z-score	(3) SA	(4) SA	(5) Z-score	(6) Z-score
GDP	0.548*** (13.86)	0.216*** (5.45)	−0.876** (−2.53)	−0.876** (−1.97)	0.494*** (12.83)	0.231*** (6.11)
M1	0.058*** (11.32)	−0.004 (−0.90)	−0.017** (−2.01)	−0.015** (−1.98)	0.064*** (12.11)	−0.008* (−1.69)
Constant	54.592*** (27.30)	54.523*** (27.90)	47.940*** (30.51)	48.269*** (31.33)	53.265*** (26.84)	54.665*** (28.07)
Year	yes	yes	yes	yes	yes	yes
Firm	yes	yes	yes	yes	yes	yes
N	22032	22032	22032	22032	22032	22032
R-squared	0.286	0.294	0.188	0.193	0.268	0.249

注：括号中为 t 值，***、**和*分别表示在1%，5%和10%水平下显著。

3.3.6 区域比较分析

为准确考察区域网络特征对企业财务风险的影响和企业间高管联结情形的多样化，本书依照国务院发展研究中心2016年发布的《地区协调发展的战略和政策》对我国经济区的划分，考虑空间上相互毗邻、经济发展水平接近、相互联系密切等因素，相较于股东关联进行更细致的区域划分。在各区域建立企业间高管网络，计算网络度中心性与接近中心性，进而检验各区域网络特征对财务风险的影响。具体划分如下：广东省、长三角地区、华北地区、西南地区、两湖地区、东北地区、西北地区。其他省份由于地域特点，区域经济效应不明显，企业间高管网络连接不紧密，故本书不做分析。

企业自身的运营情况和所处地域的经济发展状况紧密相关，处于不同地区的企业所面临的财务风险也必然不同（张玉娟 等，2018）。区域回归分析结果显示（见表3-7和表3-8）：广东省、长三角地区、华北地区和两湖地区等经济状况较好地区的企业间高管网络度中心性与接近中心性对Z值的影响显著为正，网络度中心性和接近中心性越大，Z值越大，财务风险越低。以上地区解释变量的回归系数与全国相比，影响程度更大。这类地区企业的共同高管，主要考虑企业发展，以传递管理信息来抵抗包括财务风险在内的各类经营风险。而经济欠发达地区（如东北地区、西南地区、西北地区），度中心性对Z值影响不显著，接近中心性与Z值显著负相关。这类地区企业间的共同高管，多会参与资金转移和财务掏空，使得企业的财务风险增高。通过以上区域比较分析，验证了各区域间高管网络特征的差异，亦即验证了假设3-3中区域经济在高管网络影响财务风险方面的直接路径调节作用。

表3-7　区域比较分析结果一

变量	(1) 广东省	(2) 长三角地区	(3) 西南地区	(4) 东北地区	(5) 两湖地区	(6) 西北地区	(7) 华北地区
Degree	0.415***	0.516***	0.053	0.149	0.875***	0.129	0.417**
	(2.74)	(5.97)	(0.32)	(0.97)	(4.75)	(0.64)	(2.30)
TAT	1.103*	−0.225	0.041	1.335**	−0.734	0.124	−0.028
	(1.89)	(−0.58)	(0.07)	(2.20)	(−0.92)	(0.15)	(−0.04)
NDTS	53.017**	10.040	3.140	8.058	21.965	−53.202**	34.207
	(1.98)	(0.74)	(0.16)	(0.29)	(0.71)	(−2.52)	(1.08)
Industry	0.042	0.029	0.031	−0.001	0.046	0.078	−0.048
	(1.08)	(1.18)	(0.66)	(−0.02)	(0.88)	(1.36)	(−1.00)
Pro	4.959***	5.619***	4.028***	0.178	6.487***	−0.671	2.317**
	(5.18)	(8.31)	(6.29)	(0.22)	(5.92)	(−0.80)	(2.16)
Com	0.373	0.135	0.490	0.303	−0.163	1.141**	−0.193
	(0.91)	(0.58)	(1.37)	(0.93)	(−0.34)	(2.52)	(−0.44)
Growth	−0.006*	−0.004	−0.005	−0.004	−0.012**	−0.010***	−0.010**
	(−1.66)	(−1.63)	(−1.47)	(−1.28)	(−2.53)	(−2.64)	(−2.02)
Per10	0.052***	0.045***	0.048***	0.045**	0.077***	0.020	0.137***
	(3.21)	(4.89)	(2.81)	(2.53)	(3.69)	(1.15)	(6.76)
Size	−1.565***	−1.933***	−1.996***	−1.846***	−2.552***	−1.943***	−2.901***
	(−4.99)	(−10.81)	(−6.58)	(−6.13)	(−7.49)	(−5.81)	(−8.54)
Tangible	−6.263***	−4.950***	−3.325*	−2.903	−5.895**	−1.036	−8.741***
	(−2.78)	(−3.78)	(−1.87)	(−1.36)	(−2.38)	(−0.62)	(−3.12)
Attribution	1.594	0.507	0.261	0.320	−0.939	2.972***	3.311***
	(1.42)	(0.81)	(0.28)	(0.38)	(−1.10)	(3.26)	(2.98)
Lev	−26.674***	−19.712***	−19.127***	−21.093***	−16.378***	−20.428***	−21.498***
	(−20.05)	(−26.10)	(−16.03)	(−15.38)	(−10.09)	(−15.42)	(−13.84)
CPI	−1.035***	−0.987***	−0.503***	−0.658***	−0.845***	−0.639***	−1.081***
	(−5.75)	(−9.72)	(−2.69)	(−3.45)	(−3.96)	(−3.19)	(−5.12)
GDP	0.623***	0.611***	0.230*	0.389***	0.605***	0.356**	0.826***
	(4.72)	(8.33)	(1.75)	(2.90)	(4.00)	(2.53)	(5.43)
M1	0.079***	0.052***	0.103***	0.049***	0.043**	0.042**	0.071***
	(4.78)	(5.54)	(5.77)	(2.73)	(2.13)	(2.15)	(3.68)
Constant	40.060***	49.746***	50.436***	49.519***	62.715***	44.896***	73.282***
	(5.85)	(12.41)	(7.26)	(7.51)	(8.31)	(6.06)	(9.72)
Year	yes	yes	yes	yes	yes	yes	yes
Firm	yes	yes	yes	yes	yes	yes	yes
N	3295	6253	1551	1085	1301	1124	2748
R-squared	0.262	0.261	0.358	0.328	0.278	0.327	0.258

注：括号中为t值，***、**和*分别表示在1%，5%和10%水平下显著。

表3-8　区域比较分析结果二

变量	(1) 广东省	(2) 长三角地区	(3) 西南地区	(4) 东北地区	(5) 两湖地区	(6) 西北地区	(7) 华北地区
Closeness	1.495*** (10.50)	1.284*** (16.16)	−0.897*** (−6.19)	−1.125*** (−7.65)	1.361*** (8.19)	−0.814*** (−5.06)	1.297*** (7.98)
TAT	1.395** (2.44)	−0.079 (−0.21)	0.216 (0.39)	1.578*** (2.69)	−0.264 (−0.34)	0.338 (0.41)	0.130 (0.18)
NDTS	59.567** (2.27)	22.175* (1.67)	5.390 (0.28)	18.278 (0.68)	19.420 (0.64)	−47.771** (−2.30)	38.501 (1.23)
Industry	0.049 (1.29)	0.042* (1.76)	0.045 (0.98)	0.018 (0.38)	0.052 (1.01)	0.107* (1.90)	−0.048 (−1.01)
Pro	4.429*** (4.71)	5.221*** (7.88)	3.963*** (6.27)	−0.067 (−0.08)	5.964*** (5.54)	−0.509 (−0.61)	1.826* (1.72)
Com	0.566 (1.42)	0.284 (1.25)	0.448 (1.28)	0.359 (1.14)	−0.019 (−0.04)	1.268*** (2.84)	−0.136 (−0.31)
Growth	−0.007* (−1.90)	−0.004 (−1.51)	−0.005 (−1.43)	−0.003 (−0.96)	−0.012*** (−2.66)	−0.009** (−2.47)	−0.009* (−1.89)
Per10	0.059*** (3.68)	0.045*** (4.97)	0.047*** (2.79)	0.050*** (2.89)	0.074*** (3.64)	0.022 (1.28)	0.127*** (6.33)
Size	−1.487*** (−4.83)	−1.844*** (−10.57)	−2.032*** (−6.79)	−1.996*** (−6.85)	−2.404*** (−7.20)	−1.971*** (−6.00)	−2.884*** (−8.63)
Tangible	−6.593*** (−2.98)	−6.021*** (−4.69)	−3.579** (−2.04)	−3.918* (−1.88)	−6.148** (−2.53)	−1.473 (−0.89)	−9.015*** (−3.25)
Attribution	1.290 (1.17)	0.290*** (0.47)	0.173 (0.19)	0.393 (0.48)	−0.894 (−1.07)	2.772*** (3.08)	2.717** (2.47)
Lev	−26.034*** (−19.91)	−19.410*** (−26.24)	−19.103*** (−16.25)	−20.629*** (−15.50)	−15.706*** (−9.87)	−20.149*** (−15.40)	−21.438*** (−13.97)
CPI	−0.336* (−1.77)	−0.411*** (−3.87)	−0.102 (−0.53)	−0.135 (−0.68)	−0.265 (−1.19)	−0.281 (−1.34)	−0.478** (−2.14)
GDP	0.230* (1.70)	0.274*** (3.66)	−0.004 (−0.03)	0.084 (0.61)	0.270* (1.74)	0.144 (0.99)	0.474*** (3.02)
M1	0.001 (0.03)	−0.012 (−1.21)	0.055*** (2.90)	−0.010 (−0.53)	−0.025 (−1.15)	0.000 (0.00)	0.001 (0.07)
Constant	38.414*** (5.74)	48.093*** (12.30)	52.125*** (7.61)	52.742*** (8.24)	60.023*** (8.13)	44.189*** (6.05)	75.478*** (10.17)
Year	yes	yes	yes	yes	yes	yes	yes
Firm	yes	yes	yes	yes	yes	yes	yes
N	3295	6253	1551	1085	1301	1124	2748
R-squared	0.289	0.291	0.373	0.367	0.306	0.344	0.240

注：括号中为t值，***、**和*分别表示在1%，5%和10%水平下显著。

3.4　稳健性检验

为保证结论的可靠性，本书对回归分析进行多种稳健性检验。

第一，借鉴以往的研究结果，将企业财务风险（因变量）用资产负债率进行替换，两变量同向变动，重新进行回归。表3-9结果显示，高管网络度中心性和接近中心性对资产负债率的影响在1%水平下负向显著，亦即说明高管网络与企业财务风险呈负相关，且融资约束的中介作用依旧显著。

第二，以全国企业间高管网络的介数中心性和特征向量中心性作为度中心性和接近中心性（自变量）的替换变量。表3-10前两列结果显示，介数中心性与特征向量中心性对Z值的影响均显著为正，即企业间高管网络节点的重要性越高，Z值越大，财务风险越低，研究结论不变。

第三，将总体样本分为国有企业与民营企业［表3-10（3）~（6）列］，建立面板回归。结果发现，度中心性与接近中心性对Z值的影响均显著，说明企业控制人类型的变化对实证结果无显著影响。所有检验结论与前文实证检验结果保持一致。

第四，考虑到企业财务风险具有周期长、波动大、时滞性等特征，企业前期的财务状况很可能影响后期的经营管理及财务风险水平。本书进一步引入动态面板数据模型进行检验，以缓解可能存在的内生性问题，并使用差分GMM方法和系统GMM方法进行估计。结果如表3-11所示。检验结果表明：针对两种估计方法，AR（1）的检验值均小于0.05，说明不能拒绝残差项具有一阶序列相关的假设；AR（2）的检验值均大于0.05，无法拒绝残差项不存在二阶序列相关的假设，亦即残差项不存在二阶序列相关。Hansen检验p值在0.1和0.2之间，说明工具变量的选取是合理的，不存在过度识别问题。度中心性和接近中心性的系数均显著为正，与前文结论保持一致。

表3-9　稳健性检验结果一

变量	(1) Lev	(2) Lev	(3) SA	(4) SA	(5) Lev	(6) Lev
Degree	−0.306***		−0.835**		−0.487***	
	(−5.54)		(−2.08)		(−2.59)	
Closeness		−1.056***		−1.060**		−1.002**
		(−6.76)		(−2.42)		(−1.99)
SA					0.176**	0.127**
					(2.03)	(1.98)
TAT	−0.259**	−0.262**	−0.072***	−0.063***	−0.261**	−0.260**
	(−2.27)	(−2.38)	(−11.04)	(−10.96)	(−2.35)	(2.34)
NDTS	0.039	0.046	−2.360	−2.657	0.043	0.047
	(1.09)	(1.54)	(−1.49)	(−0.99)	(1.15)	(1.59)

表3-9（续）

变量	(1) Lev	(2) Lev	(3) SA	(4) SA	(5) Lev	(6) Lev
Industry	0.035* (1.73)	0.029* (1.68)	0.009* (1.67)	0.012* (1.95)	0.032* (1.71)	0.026* (1.66)
Pro	−1.287*** (−10.77)	−1.208*** (−9.91)	−0.036* (−1.76)	−0.757* (−1.90)	−1.338*** (−11.97)	−1.216*** (−10.21)
Com	−0.067** (−2.53)	−0.082** (−2.57)	−0.276** (−1.98)	−0.294*** (−3.93)	−0.073** (−2.54)	−0.093** (−2.57)
Growth	0.062** (2.43)	0.059** (2.29)	−0.124*** (−6.35)	−0.128*** (−9.55)	0.072** (2.51)	0.062** (2.47)
Per10	0.042** (2.46)	0.051** (2.57)	−0.034*** (−22.21)	−0.063*** (−23.96)	0.041** (2.38)	0.049** (2.48)
Size	0.406** (2.42)	0.412** (2.53)	−0.333*** (−7.52)	−0.334*** (−7.52)	0.405** (2.41)	0.409** (2.46)
Tangible	0.296 (1.42)	0.354 (1.53)	0.169** (2.29)	0.176** (2.47)	0.217 (1.06)	0.371 (1.53)
Attribution	−0.053* (−1.82)	−0.046* (−1.69)	−0.118* (−1.68)	−0.114* (−1.86)	−0.046* (−1.76)	−0.054* (−1.88)
Lev	0.579 (0.48)	0.582 (0.53)	0.576** (1.98)	0.532** (1.97)	0.601 (0.51)	0.632 (0.64)
CPI	0.579 (0.48)	0.582 (0.53)	0.576** (1.98)	0.532** (1.97)	0.601 (0.51)	0.632 (0.64)
GDP	−3.256 (−0.98)	−2.283 (−0.95)	−0.868** (−1.97)	−0.877** (−1.99)	−3.796 (−1.33)	−2.043 (−0.76)
M1	−0.285 (−0.82)	−0.269 (−0.57)	−0.017** (−1.99)	−0.015** (−1.98)	−0.248 (−0.53)	−0.371 (−0.62)
Constant	38.260*** (25.39)	37.610*** (24.10)	47.936*** (30.34)	48.276*** (31.36)	39.691*** (26.75)	36.363*** (24.58)
Year	yes	yes	yes	yes	yes	yes
Firm	yes	yes	yes	yes	yes	yes
N	22032	22032	22032	22032	22032	22032
R-squared	0.320	0.268	0.194	0.187	0.324	0.337

注：括号中为 t 值，***、**和*分别表示在1%，5%和10%水平下显著。

表3-10 稳健性检验结果二

变量	(1) 全国	(2) 全国	(3) 国有企业	(4) 民营企业	(5) 国有企业	(6) 民营企业
Betweenness	0.128** (2.45)					
Eigenvector		0.178*** (3.56)				

表3-10（续）

变量	(1) 全国	(2) 全国	(3) 国有企业	(4) 民营企业	(5) 国有企业	(6) 民营企业
Degree			0.149*** (4.30)		0.460*** (5.80)	
Closeness				0.455*** (15.19)		1.617*** (21.55)
TAT	0.769*** (4.26)	0.280 (1.51)	0.661*** (5.13)	0.726*** (5.70)	0.231 (0.69)	0.588* (1.78)
NDTS	−1.676 (−0.24)	−2.345 (−0.33)	−5.154 (−1.11)	−3.557 (−0.78)	16.323 (1.21)	24.463* (1.84)
Industry	0.035*** (2.60)	0.009 (0.67)	−0.017* (−1.81)	−0.010 (−1.10)	0.061*** (2.78)	0.066*** (3.03)
Pro	3.859*** (13.22)	3.711*** (12.35)	2.691*** (9.70)	2.838*** (10.36)	3.795*** (8.86)	3.281*** (7.80)
Com	0.257** (2.17)	0.381*** (3.23)	−0.099 (−1.19)	−0.078 (−0.95)	0.795*** (3.76)	0.966*** (4.68)
Growth	−0.004*** (−3.14)	−0.005*** (−4.34)	0.001 (0.84)	0.002** (2.06)	−0.007*** (−3.85)	−0.007*** (−4.20)
Per10	0.058*** (11.83)	0.048*** (9.72)	0.009** (2.19)	0.011*** (2.66)	0.056*** (7.08)	0.054*** (6.99)
Size	−2.408*** (23.75)	−2.038*** (−22.56)	−1.198*** (−16.15)	−1.216*** (−16.70)	−2.650*** (−17.47)	−2.574*** (−17.34)
Tangible	−4.288*** (−7.04)	−3.734*** (−5.93)	−2.470*** (−5.87)	−2.634*** (−5.71)	−5.665*** (−4.88)	−6.505*** (−5.71)
Attribution	0.042 (0.15)	0.441 (1.55)				
Lev	−19.949*** (−51.68)	−20.738*** (−52.72)	−12.257*** (−38.67)	−12.274*** (−39.25)	−25.769*** (−40.58)	−25.092*** (−40.26)
CPI	23.848 (0.48)	−0.884*** (−16.20)	−0.403*** (−10.80)	−0.219*** (−5.61)	−1.401*** (−14.41)	−0.572*** (−5.54)
GDP	−5.932 (−0.47)	0.551*** (14.07)	0.230*** (8.99)	0.122*** (4.62)	0.844*** (11.47)	0.358*** (4.73)
M1	2.475 (0.49)	0.057*** (11.26)	0.026*** (6.76)	0.003 (0.82)	0.092*** (10.69)	0.0002 (−0.02)
Constant	36.077 (0.72)	52.720*** (26.36)	37.549*** (22.32)	37.940*** (22.94)	60.982*** (18.63)	60.616*** (18.96)
Year	yes	yes	yes	yes	yes	yes
Firm	yes	yes	yes	yes	yes	yes
N	22032	22032	8960	8960	13072	13072
R-squared	0.320	0.268	0.304	0.322	0.284	0.312

注：括号中为 t 值，***、**和*分别表示在1%，5%和10%水平下显著。

表3-11 内生性检验结果

变量	(1) DIF_GMM Z-score	(2) DIF_GMM Z-score	(3) SYS_GMM Z-score	(4) SYS_GMM Z-score
L. Z-score	0.316***	0.288***	0.308***	0.294***
	(5.34)	(3.64)	(4.27)	(3.71)
Degree	0.375***		0.359***	
	(8.06)		(7.92)	
Closeness		1.138***		1.135***
		(27.32)		(27.28)
TAT	0.319*	0.554***	0.326*	0.548***
	(1.69)	(2.99)	(1.73)	(2.77)
NDTS	−2.801	3.386	−2.805	3.379
	(−0.41)	(0.53)	(−0.45)	(0.46)
Industry	0.015	0.027**	0.020	0.029**
	(1.24)	(2.18)	(1.41)	(2.26)
Pro	3.722***	3.475***	3.725***	3.478***
	(12.38)	(11.79)	(12.46)	(11.83)
Com	0.289**	0.401***	0.283**	0.411***
	(2.44)	(3.48)	(2.36)	(3.56)
Growth	−0.005***	−0.003***	−0.007***	−0.004***
	(−4.32)	(−3.78)	(−4.48)	(−3.89)
Per10	0.051***	0.046***	0.056***	0.051***
	(10.13)	(10.12)	(10.58)	(10.31)
Size	−2.119***	−2.081***	−2.121***	−2.084***
	(−23.20)	(−23.65)	(−23.34)	(−23.71)
Tangible	−3.736***	−4.281***	−3.734***	−4.282***
	(−5.93)	(−6.53)	(−5.91)	(−6.54)
Attribution	0.395	0.167	0.396	0.169
	(1.46)	(0.62)	(1.48)	(0.63)
Lev	−20.616***	−20.308***	−20.612***	−20.310***
	(−52.54)	(−52.69)	(−52.31)	(−52.84)
CPI	−0.854***	−0.315***	−0.864***	−0.318***
	(−15.64)	(−5.49)	(−15.75)	(−5.52)
GDP	0.542***	0.221***	0.541***	0.219***
	(13.86)	(5.59)	(13.84)	(5.46)
M1	0.056***	−0.006	0.057***	−0.008
	(11.25)	(−0.95)	(11.34)	(−0.99)
Constant	54.586***	54.526***	54.588***	54.532***
	(27.32)	(27.93)	(27.39)	(27.98)
Year	yes	yes	yes	yes
Firm	yes	yes	yes	yes
AR（1）_p值	0.00	0.00	0.00	0.00
AR（2）_p值	0.45	0.47	0.43	0.49
Hansen_p值	0.18	0.17	0.19	0.19
N	20369	20369	21537	21537

注：括号中为t值，***、**和*分别表示在1%，5%和10%水平下显著。

通过研究与分析，发现高管联结关系数量在2010—2017年递增明显，占企业数量的比例从97.9%增长到99.7%，企业高管在其他企业兼任职位的现象越来越普遍，高管联结网络结构也呈复杂化趋势，但2018年的高管离职潮导致高管联结的比例突然下降。本书利用2010—2019年我国A股上市公司数据，采用面板回归模型，以融资约束作为中介变量，研究了企业间高管网络节点特性对财务风险的影响，并在此基础上探讨了不同区域的差异性。

3.5　本章小结

本章通过全国及区域A股上市公司高管关系构建企业间社会网络，研究了高管网络与财务风险的关系，主要结论如下。

第一，企业间高管网络的平均最短距离较小，网络呈层次结构，容易发生信息传递。一些聚类系数为1的节点间两两单独相连，它们之间的信息传递最易发生。一旦其中之一发生财务风险，与之相连的另一家企业会及时得到财务治理策略信息，有助于预防财务风险。

第二，高管网络中心性有助于缓解企业的融资约束，进而能够降低企业的财务风险，融资约束在高管网络影响企业财务风险方面存在中介效应，且地区经济发展越好，作用效果越显著。企业应更多关注高管联结的建立，提高自身在高管网络中的网络中心性，这有助于降低企业融资成本、减轻信息不对称程度等，可以有效防范财务风险。

第三，发达地区（如广东省、长三角地区、华北地区、两湖地区）经济环境较好，企业健康发展，若一家企业与其他企业共同高管较多，高管联结紧密，则它获得网络资源越多，治理效率越高，企业抗风险能力越大，财务风险越低。经济欠发达地区（如东北地区、西南地区、西北地区）的度中心性对Z值没有显著影响，接近中心性与Z值显著负相关，即经济欠发达地区企业高管联结紧密性过高，企业会过多参与资金转移，使企业的财务风险增高。

第4章 企业间股东网络、内部控制与财务风险

4.1 研究问题与研究假设

在经济全球化背景下，企业间由共同大股东建立起经济关联的现象越来越普遍，由此企业间便形成了股东关联社会网络。由于共同大股东持有多家企业股权，对于企业的研发创新、战略资源、治理机制、融资渠道等发挥着整合的作用，强化了企业间的合作交流，实现了资金和资源在企业间的传递与流通。股东网络可以抵御风险，单个企业所承担的财务风险会随着网络规模的不断扩大而减少，帮助网络成员企业抵御外部环境的冲击，从而降低企业的财务风险水平（万丛颖，2013）。董大勇等（2013）从信息扩散路径和关联交易联结的角度出发，研究发现股东关联网络对股价联动关系具有正向影响作用。但是，大股东往往拥有干预和操纵公司决策的权力，其个体行为可能会对其所持有股权的企业产生负向联动效应。有学者从关联股东的角度出发，研究股东社会网络中财务重述行为发生传染的可能性，发现股东关联若产生于企业财务重述行为前，则与其关联的企业发生此行为的可能性会大大增加。可见，企业社会网络中的股东关联增加了关联企业出现相似行为的可能性，这在一定程度上也是由共同大股东对控股企业产生影响造成的。对于面临财务危机的企业，大股东是会借助股东网络资源或私有资源来帮助企业降低风险，还是出于利益目的使企业的财务状况进一步恶化，与大股东投资行为动机、经济环境等极为相关。

企业通过共同实际控制人或大股东联系在一起，受区域经济的地域性及地方政府的统一政策影响，控制人或大股东的行为可能会对其投资的企业产生共同影响，并极有可能使区域经济产生共振。控制人或大股东可能通过救助或掏空行为，对已发生财务危机的企业产生正面或负面影响，一旦发生大规模的救助或掏空，可能会减弱或增加区域性系统性金融风险。

Friedman等（2003）提出的救助理论，认为救助行为是维持公司运营的重要组成部分，在多数情况下，控股股东会支持企业的发展，动用私人资源以维护公司的利益。关联交易有利于提升企业内部资源质量、优化交易和管理成本、提升企业的核心竞争力。

控股股东在企业陷入财务困境时会施以援手，避免企业破产，这成为保护企业利益的途径。

但是 Johnson 等（2000）提出的掏空理论认为，控股股东按照自己的需求通过关联交易将公司的资产和利益转移出去或为企业注入资金资源的情形，都是为了获得未来可能的利己机会，强调关联交易带来的侵害中小股东利益等负面影响。掏空现象无论在经济发展初期还是资本运行成熟期，都普遍存在于各类型的资本市场中。

罗党论等（2007）提出地方政府发生财政危机可能会触发大股东掏空企业的机制，这说明掏空行为与经济环境和财政状况密切相关。反之，在地方经济状况良好时，股东对其投资的企业前景信心较足，即使上市公司发生财务危机，股东也会通过其投资的其他企业资金对该上市公司进行救助。上市公司的大股东分为战略投资者和财务投资者。战略投资者指的是参与公司的治理，重视可持续合作性战略，试图从企业的长远发展中获利的企业、自然人等；财务投资者指的是基金公司、投资银行等注重短期利益，不关注企业长期发展，仅通过投资行为获得财务报酬的投资者。战略投资者对于企业具有信息传递和资金救助的意愿，在企业经营困难时救助意向明显。战略投资者具有一定的产业资本和社会关系背景，能为企业带来先进的理念和技术，有助于提高企业的经营效率和盈利水平（林志杰 等，2018）。当企业面临经营困难和财务危机时，战略投资者往往会通过自身的战略资源及股东网络中所蕴含的资源来帮助企业降低风险。而财务投资者恰恰相反，他们不参与公司治理，当企业面临危机时，会更多地扮演"利益攫取者"的角色。财务投资是指为获得股权和利润而将资金或资本投入项目或公司的投资。多数投行、基金公司等投资者属于这一类型，它们通常只关注财务回报，出于财务报酬的投资目的，与企业的长期发展战略和人才战略背道而驰，对于企业的经营治理会产生一定程度的阻力，给企业的发展造成一定的压力。当企业的财务状况不佳时，财务投资者往往为保障自身的利益和降低自身的财务风险而加剧企业的财务风险。本书建立的全国及区域企业间股东网络均重点考虑大股东为战略投资者的情形，并以财务投资者是大股东的股东网络为对照组比较分析。基于以上理论提出假设。

研究假设 4-1：以战略投资者为大股东构成的企业间股东网络，对财务风险有抑制作用，网络的度越大，财务风险越小。

在区域经济环境中，救助与掏空会对区域性系统性金融风险产生深远影响。发达地区经济环境较好，如果某企业发生财务危机，与之连接的企业会通过共同大股东救助它，其财务危机会较快缓解，区域性系统性金融风险发生的可能性会降低。然而，欠发达地区经济环境较差，一旦某家企业陷入财务危机，大股东为了自身利益，更容易采取掏空行为，一旦引起连锁的掏空行为，极易造成区域性系统性金融风险的爆发（韩鹏飞 等，2018；吴世飞 等，2017；董大勇 等，2017）。由此提出假设。

研究假设 4-2：在经济发达地区，企业间股东网络连接越紧密，财务风险越低；而在经济欠发达地区，股东网络连接越紧密，财务风险越高。

大股东行为与个人投资意图、经济环境和财政状况密切相关。企业治理缺陷是导致控股股东利用关联交易等方式掏空上市公司的重要原因（高雷 等，2007）。在我国上市公司外部制度环境和内部治理结构不够完善的情况下，股东关联的企业之间普遍存在关联交易，往往伴随着大股东的掏空行为（甄红线 等，2015）。就公司治理而言，从内部控制角度出发，杨七中等（2015）揭示了股东使用资金占用、关联担保等手段对企业进行利益侵占，而内部控制对大股东此类行为存在明显的抑制效应。内部控制是公司治理的基础，健全内部控制制度对加强企业经济业务的审查和监管、提高企业风险防范与化解能力至关重要。内部控制对于不同类型的关联交易具有识别作用（张洪辉 等，2016），良好的内部控制使公司发生的关联交易受到更为严格的审查与监督，遏制股东掏空行为的恶性关联交易，同时是公司利用股东网络通过关联交易优化自身资源、提高整体竞争力的有力保证。高质量的内部控制提高了公司财务的信息披露速度和质量，大股东的行为得到了更多中小股东或外部人的监督，减弱了大股东通过股东网络掏空上市公司行为的动机，同时有助于强化外部监管，缓解管理层代理问题。本书主要考察内部控制在股东网络（战略投资者、财务投资者）与企业财务风险关系间的调节效应。基于不同投资意图的股东所构成的股东网络对财务风险的影响，内部控制具有的调节效应存在差异性。根据上述分析，提出假设。

研究假设4-3：内部控制对股东网络（战略投资者）与企业财务风险的关系具有显著的调节效应。

4.2 股东网络模型构建

4.2.1 企业间股东网络的构建

以全国A股上市公司为样本（剔除ST、*ST和PT类样本和数据极端异常、缺失的样本），构造节点为上市公司的企业间股东网络。如果两家企业（上市公司）拥有一个或多个共同大股东（限定为前十大股东），则两家上市公司形成连接，它们之间有发生关联交易的可能，以共同股东形成的连接为网络的边，我们由此构建了2010—2019年全国A股上市公司基于共同大股东连接的无向网络。图4-1是2010年、2015年和2019年的全国企业间股东网络图，随着时间的推移，网络越来越密集。图4-2是2019年各区域企业间股东网络图，按照我国经济区域划分的统一标准，分为东部地区、中部地区、西部地区和东北地区四大经济区①，由图4-2可知，较发达的东部和中部地区的网络连接更多。

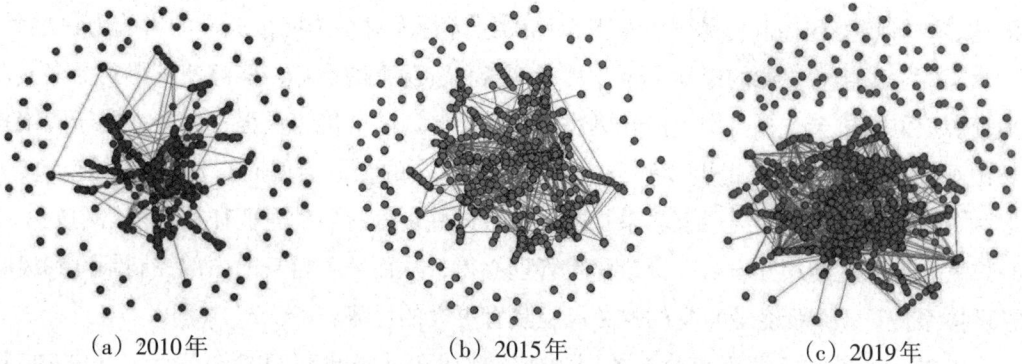

(a) 2010年　　　　(b) 2015年　　　　(c) 2019年

图4-1　2010年、2015年和2019年全国企业间股东网络图

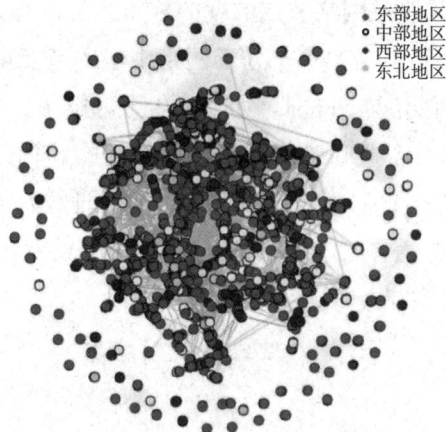

图4-2　2019年各区域企业间股东网络图

4.2.2　企业间股东网络的统计特征

4.2.2.1　节点的中心性

本书建立的企业间股东网络，节点的度中心性［简称节点的度，见式（2-1）］代表与其有共同大股东的企业的个数。节点的度是网络中最重要的节点中心性变量，它代表

①根据国家统计局2011年颁布的《东西中部和东北地区划分方法》，将我国的经济区域划分为东部地区（北京市、天津市、河北省、上海市、江苏省、浙江省、福建省、山东省、广东省、海南省）、中部地区（湖北省、湖南省、河南省、安徽省、江西省、山西省）、西部地区（西藏自治区、新疆维吾尔自治区、青海省、甘肃省、宁夏回族自治区、云南省、贵州省、四川省、陕西省、重庆市、广西壮族自治区、内蒙古自治区）和东北地区（黑龙江省、吉林省、辽宁省）。

了这个节点的重要程度。通常，一个节点的度越大，说明与其连接的节点越多，它在网络中的位置越重要，也说明其越位于网络的核心位置。

对于股东网络中的企业而言，节点的度越大意味着企业通过大股东与其他企业的连接越多，影响力和控制力越强，企业个体的经济行为对整个网络成员的影响力也越大，更大程度上影响着资源的流动。企业具有信息和资源上的优势，能够使其得到更多交流和资源获取的机会，自身实力提升更快，进而控制风险的能力更强；另外，处于网络核心位置的企业，能够获得更多的合作机会。网络中的企业会偏向与发展前景好、实力强、资源丰富的企业建立股权联系，因而具有这些良好特质的企业往往在网络中处于核心位置，彼此之间相互学习，交流风险管理心得，从而完善自身的内部控制制度和风险管理体系，对于降低企业自身的财务风险具有更大的优势。

以2019年全国A股上市公司数据为例，此股东网络共有3407个节点，其中793家上市公司和其他公司无共同大股东，属于孤立节点，其余的2614个节点构成连接网络，图4-3展示了2019年股东网络节点的度的分布。可以看到，多数公司节点的度小于7，节点的度大于7的公司只占17%。处于网络中心的节点虽是少数，但与它们连接的其他节点较多，属于中心节点（hub）。如果发生金融震荡，中心节点受影响较大，需各级监管部门关注。通过对企业间股东网络节点的度的计算，可以发现，节点的度超过30的上市公司多数为国有企业和大型私企（如宝钢股份、中国石化、中国石油、三峡水利、中煤能源、青岛啤酒等），它们对实体经济影响较大。

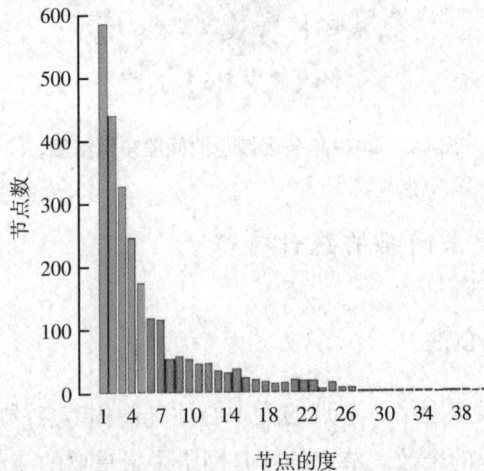

图4-3 2019年股东网络节点的度的分布

表4-1给出了2019年股东网络各节点中心性的相关系数。可以看到节点的度中心性与其他三种节点中心性的相关系数都较大，且显著性较高。

表4-1　2019年企业间股东网络各节点中心性的相关系数

变量	度中心性	介数中心性	接近中心性	特征向量中心性
度中心性	1.000			
介数中心性	0.717***	1.000		
接近中心性	0.446***	0.285***	1.000	
特征向量中心性	0.563***	0.366***	0.102***	1.000

注：***表示在1%水平下显著。

在2019年全国企业间股东网络各节点中心性较大的企业中，大型国有企业和大型私企节点的度和介数中心性很大，一旦这些中心节点崩溃，整个网络将面临瘫痪的危险。

4.2.2.2　平均最短距离

利用式（2-5），计算出2019年全国企业间股东网络所有节点间的最短距离（如图4-4所示），大部分值为6~7，网络的平均最短距离为6.176。如果某企业发生财务危机，相互的救助与掏空行为都容易发生，特别需密切关注最短距离在3以内的股东关联企业。

信息资源的价值会随着传播距离的增加而降低（Guan et al.，2016），因此股东网络中企业之间的最短距离越小，企业获取的信息资源的价值越高，从而可以帮助企业了解更多的不确定因素，获得更多有助于企业进行风险管理的信息，降低企业面临的风险。企业之间距离较小时，企业之间的联系更加紧密，业务往来更加方便。当某一家企业发生风险时，与之相连的企业若出于利己心理，会更加关注自身利益，从而发生掏空行为的可能性增加，进而导致风险传染。

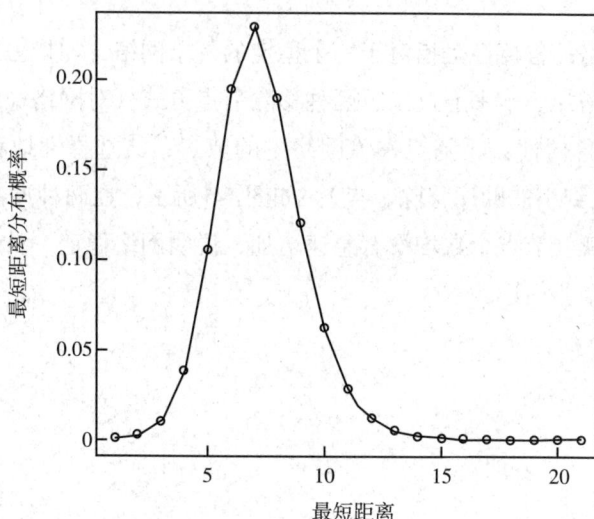

图4-4　2019年股东网络所有节点间的最短距离分布图

4.2.2.3 聚类系数

复杂网络的平均聚类系数（全部节点聚类系数的均值）刻画了复杂网络的结构特征［式（2-7）和式（2-8）］，平均聚类系数越大，则网络群体结构特征越明显，反之，网络倾向于层次结构。吴念鲁等（2015）指出，网络的聚类系数越高，说明网络中企业之间的联系越多，风险越容易通过网络在企业之间传染。2019年全国企业间股东网络的平均聚类系数为0.612，网络的群体结构特征明显。有很多聚类系数为1的企业，大多两两相连，和其他企业没有共同大股东。一旦某一家企业发生财务危机，要及时关注另一家企业的财务状况，避免发生连锁反应。

4.2.3 企业间股东网络的拓扑结构

很多复杂金融网络展现了小世界网络和无标度网络的特性，表现为具有较小的平均最短距离和较大的平均聚类系数。本书建立的2010—2019年全国企业间股东网络的平均最短距离均小于6.5，平均聚类系数均大于0.6，具有小世界网络的特性（Jin et al., 2016）。

小世界网络的平均最短距离与节点个数有如下关系（Jin et al., 2015）：

$$\ln N = \ln C + \bar{l}/l_0 \tag{4-1}$$

其中，N 为节点个数，C 为常数，$\bar{l}$ 为平均最短距离，l_0 为待拟合系数。

本书构建的企业间股东网络，拟合出平均最短距离与节点个数呈如下线性关系：

$$\ln N = 4.77 + 1.23\bar{l} \tag{4-2}$$

4.2.4 企业间股东网络的鲁棒性

企业间股东网络的鲁棒性是指对于一个稳定的复杂网络，如果去掉某个节点，孤立节点不会有明显的增加。本书通过以下两种移除节点方式（对网络稳定性的冲击）研究企业间股东网络的鲁棒性：①随机移除网络中的节点；②选择性地移除网络中的节点（按照节点的度由大到小的顺序移除节点）。如图4-5所示，在两种冲击下，2019年全国企业间股东网络的孤立节点个数均没有急速增加，说明网络稳定，没有核心的企业通过共同大股东与多数企业相连。

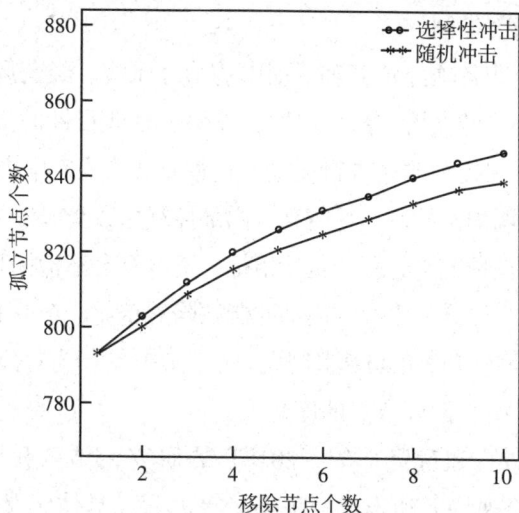

图4-5 2019年股东网络受到冲击时孤立节点数的变化

4.3 实证分析

4.3.1 实证研究设计

本书选取2010—2019年全国A股上市公司为研究样本，对原始公司样本进行如下筛选：①剔除ST，*ST和PT类样本；②剔除数据极端异常和数据缺失的样本。经上述处理，在观测期间，全国A股上市公司共有25235个面板数据观察值，为消除极端值的影响，本书对主要变量进行了上下1%的winsorize处理。这些上市公司即全国股东网络的节点。股东数据、公司治理和宏观经济数据主要来源于Wind数据库，内部控制数据来源于迪博（DIB）数据库。

建立固定效应的控制模型，研究企业间股东网络的特征变量与财务风险之间的关系，使用最能直观描述网络节点重要性的节点的度作为自变量，其他网络特征变量提供稳健性检验。因变量和其他自变量的选择如下。

（1）被解释变量：企业财务风险。

采用Zhang等（2010）修正的适合中国企业的Z值衡量企业财务风险，运用多变量分析法，从资本结构、获利能力、运营能力等方面选用变量来构建 Z-score 模型，有效地避免了股票市场指标对财务风险测度可靠性的影响，公式为

$$Z\text{-}score = 0.517 - 0.460X_1 + 9.320X_2 + 0.388X_3 + 1.158X_4 \tag{4-3}$$

其中，X_1 = 总负债/总资产，X_2 = 净利润/总资产，X_3 = 运营资本/总资产，X_4 = 留存收益/总资产。Z-score（Z值）越大，财务风险越低。

（2）调节变量：内部控制。

内部控制是指对企业各项经营管理活动中的治理风险、经营风险、财务风险及作业风险等加以缓解或预防（戴文涛 等，2019），以保证企业目标的实现。本书借鉴现有研究的做法，对企业的内部控制质量进行度量，选取DIB数据库中内部控制指数（Icq）的自然对数，取值越大说明内部控制质量越高。内部控制指数受股票超额收益率、股权激励合理性指标、董事长兼任情况、经营合规性指标、资本充足率指标和资产安全性指标等的影响。对于内部控制质量较高、不存在内部控制缺陷的企业，企业的各项经营管理活动能够在有效监督下进行，可以有效预防并遏制大股东关联交易行为对公司产生的负面影响。

（3）解释变量：度中心性（节点的度）。

借鉴Gietzen（2017）和黄贤环等（2018）的研究，结合我国上市公司的实际情况，本书控制了公司治理特征和宏观经济环境等因素，具体定义如表4-2所示。此外，还控制了年度和行业虚拟变量。

表4-2 变量定义与说明

变量类型	变量符号	变量定义
因变量	Z-score	详见模型3-1
自变量	Degree	详见式（2-1）
调节变量	Icq	内部控制指数
	Own	大股东持股比例
	Size	总资产的自然对数
公司层面变量	Lev	资产负债率
	Growth	营业收入增长率
	Inst.own	机构持股比例
公司层面变量	Attribution	控制人类型：国有企业取0，民营企业取1
	Loan	实际贷款利率变化率
	CPI	消费者物价指数增长率
宏观经济变量	GDP	实际GDP增长率
	Currency	货币供给增长率

为研究企业间股东网络对其财务风险的影响，建立如下实证模型。

模型4-1：

$$Z\text{-}score_{i,t}=\beta_0+\beta_1 Degree_{i,t}+\beta_2 Own_{i,t}+\beta_3\ln(Size)_{i,t}+\beta_4 Lev_{i,t}+$$
$$\beta_5 Growth_{i,t}+\beta_6 Inst.own_{i,t}+\beta_7 Attribution_{i,t}+$$
$$\beta_8 Loan_{i,t}+\beta_9 CPI_t+\beta_{10}GDP_t+\beta_{11}Currency_t+$$
$$\sum Year+\sum Firm+\varepsilon_{i,t}$$

模型4-1中，被解释变量为*Z-score*，财务风险越高，Z值越小。核心解释变量为*Degree*，代表企业股东网络的度中心性。在以战略投资者为共同大股东形成的股东网络中，企业的网络中心性越高，企业的股东网络越丰富，通过关联交易能够获取的资源越多，对财务风险的缓解作用也就越强。根据研究假设4-1，在以战略投资者为共同大股东构建的股东网络中，预计其回归系数 β_1 显著为正。相反，大股东出于利益攫取的目的，很可能通过股东关联交易方式将公司的利益源源不断地输送出去，企业的股东网络会对财务风险产生负向影响，在以财务投资者为共同大股东构建的股东网络中，预计其回归系数显著为负。*Own* 为企业的大股东持股比例，大股东持股比例越高，股权越集中，其在公司的利益越多，掏空上市公司往往会导致自身利益受损，因此预估该变量的回归系数为正。$\ln(Size)$ 代表企业规模，规模越大的企业的风险抵御能力越强（于富生等，2008）。*Lev* 为资产负债率，企业的资产负债率越高，其负债越多，财务风险越大，预估该变量回归系数为负。*Growth* 表示企业营业收入增长率，企业的营业收入增长越快，盈利能力就越强，其资金越充沛，财务风险越小。*Inst.own* 为机构持股比例，机构持股有助于提高公司绩效、降低融资约束和公司资金被关联方占用的程度、减少控股股东掏空上市公司的行为，预估该变量回归系数为正。*Attribution* 表示企业控制人类型。*Loan* 为实际贷款利率变化率，增长变化率越大，企业的贷款成本越高，面临的财务风险也越高，预估该变量系数为负。*CPI*，*GDP* 分别代表消费者物价指数增长率和实际GDP增长率，二者越高，外部经济环境越好，企业面临财务风险的可能性越小，因此预估二者回归估计系数均为正。*Currency* 代表货币供给增长率，企业财务困境风险与货币供应量呈负相关，预估该变量的回归系数为正（李秉成 等，2013）。

为验证内部控制所具有的调节效应，建立如下实证模型。

模型4-2：

$$Z\text{-}score_{i,\,t} = \beta_0 + \beta_1 Degree_{i,\,t} + \beta_2 Icq_{i,\,t} + \beta_3 Drgree_{i,\,t} \times Icq_{i,\,t} +$$

$$\beta_4 Own_{i,\,t} + \beta_5 \ln(Size)_{i,\,t} + \beta_6 Lev_{i,\,t} + \beta_7 Growth_{i,\,t} +$$

$$\beta_8 Inst.own_{i,\,t} + \beta_9 Attribution_{i,\,t} + \beta_{10} Loan_{i,\,t} + \beta_{11} CPI_t +$$

$$\beta_{12} GDP_t + \beta_{13} Currency_t + \sum Year + \sum Firm + \varepsilon_{i,\,t}$$

以模型4-1为基础，模型4-2增加了变量 *Icq* 及其与 *Degree* 的交互项。*Icq* 表示内部控制质量，企业内部控制质量越高，企业的财务风险越低，企业存在内部控制缺陷时，陷入财务危机的可能性更大（林钟高 等，2016）；交互项 *Degree×Icq* 用来衡量内部控制与股东网络的交互作用，若 *Degree×Icq* 的估计系数显著为正，则说明企业高质量的内部控制使股东网络中心性对企业财务风险的影响作用得到了强化，若系数显著为负，说明股东网络对企业财务风险的影响会随着内部控制质量的提高而逐渐削弱。

4.3.2　样本描述性统计分析与相关分析

表4-3是全国A股上市公司2010—2019年度样本的主要变量描述性统计分析。可以看出，样本期内公司的Z值的均值为33.193，全国A股上市公司整体财务状况良好，财务风险较低。Z值的最大值为211.662，最小值为-176.535，跨度很大，说明一些上市公司存在很大的财务风险，这必然会对与其关联较紧密的公司造成风险传染。股东网络节点的度的取值范围为[0，43]，其均值为5.778，多数企业与其他企业有共同大股东，通过大股东紧密联系的企业之间容易发生财务关联风险。上市公司内部控制质量最大值为6.821，最小值5.893，标准差是0.032，公司内部控制水平的差异可控。其他变量相关说明不再一一赘述。

表4-3　主要变量描述性统计

变量	观察样本量	均值	标准差值	最小值	最大值
Z-score	25235	33.193	61.566	-176.535	211.662
Degree	25235	5.778	6.380	0.000	43.000
Icq	25235	6.486	0.032	5.893	6.821
Own	25235	59.474	15.173	23.760	90.410
Size	25235	22.112	1.297	19.813	26.111
Lev	25235	41.647	20.828	4.827	87.728
Growth	25235	16.053	32.039	-51.555	169.979
Inst.own	25235	37.842	23.891	0.049	87.816
Attribution	25235	0.633	0.482	0.000	1.000
Loan	25235	-0.018	0.086	-0.223	0.129
CPI	25235	102.513	1.045	101.000	105.700
Currency	25235	9.754	6.688	1.500	21.400
GDP	25235	8.320	2.164	3.600	15.000

表4-4报告了样本间主要变量的相关性分析结果。股东网络节点的度、大股东持股比例、营业收入增长率与Z值呈显著正相关，而总资产、资产负债率和机构持股比例与财务风险指标呈显著负相关。通过表4-4可以发现，两两不同变量间的相关系数均较小，检验值VIF均远小于10，认为变量之间不存在多重共线性问题。

表 4-4　变量的 Pearson 相关系数

变量	Z-score	Degree	Own	Size	Lev	Growth	Inst.own	Attribution	Loan	CPI	Currency	GDP
Z-score	1.000											
Degree	0.039***	1.000										
Own	0.275**	0.048***	1.000									
Size	-0.233***	0.294***	0.101***	1.000								
Lev	-0.600***	0.065***	-0.130***	0.541***	1.000							
Growth	0.208***	-0.021***	0.066***	0.007	0.016***	1.000						
Inst.own	-0.085**	0.175***	0.223***	0.460***	0.263***	-0.018**	1.000					
Attribution	0.233***	-0.055***	0.062***	-0.367***	-0.322***	0.116***	-0.404***	1.000				
Loan	-0.066***	0.045***	0.019***	-0.036***	-0.002	0.122***	0.019***	-0.032***	1.000			
CPI	0.050***	0.014**	0.004	-0.087***	0.006	0.047***	0.005	-0.058***	0.626***	1.000		
Currency	0.041***	-0.195***	-0.015**	-0.034***	-0.009	0.090***	-0.004	-0.044***	-0.013***	-0.117***	1.000	
GDP	0.037***	-0.196***	-0.043***	-0.136***	0.041***	0.074***	0.005	-0.125***	0.303***	0.455***	0.279***	1.000

注：***和**分别表示在 1%和 5%水平下显著。

4.3.3 回归分析

表4-5报告了模型4-1的回归分析结果。以战略投资者和财务投资者为共同大股东，构建企业间网络。列（1）与列（2）的被解释变量均为企业财务风险Z值（Z-score）：列（1）报告的是以战略投资者为共同大股东构建股东网络的回归结果，考察企业间以战略投资者形成的股东网络对财务风险是否具有影响；列（2）报告的是以财务投资者为共同大股东构建股东网络的回归结果，考察企业间以财务投资者形成的股东网络对财务风险是否具有影响。回归结果显示，在控制其他影响因素的情况下，两类股东网络节点的度对财务风险的影响系数分别为0.015和−0.003，且在1%和5%水平下显著。战略投资者作为大股东的股东网络节点的度与财务风险指标（Z值）呈显著正相关，网络节点的度越大，节点越处于网络中心位置，Z值越大，财务风险越低。而以财务投资者作为大股东的网络节点的度与Z值至显著负相关，节点的度越大，财务风险越高。这说明战略投资股东的救助动机更明显，能起到缓解财务风险的作用，而财务投资股东以利益攫取为目的，会加剧企业的财务风险。对于其他控制变量，加大股东持股比例、企业总资产和营业增长率都对Z值有显著的正向影响。由此验证了研究假设4-1。

为进一步研究企业间股东网络对财务风险的影响，在模型4-2的基础上，将总样本分类：按照企业性质分为国有企业和民营企业；按照企业规模（以总资产的中位数为界）分为大型企业和中小型企业。实证分析结果如表4-6所示。研究发现，国有企业和民营企业股东网络的度均对Z值有显著的正向影响，且民营企业被共同大股东救助的情况更容易发生，其股东网络节点的度对财务风险的抑制效应更大。对于企业规模而言，中小型企业有发生关联交易的动机，与其他企业共同大股东越多，财务风险越低。

表4-5 共同大股东分类的回归分析结果

变量	(1) 战略投资者 Z-score	(2) 财务投资者 Z-score
Degree	0.015***	−0.003**
	(8.18)	(−2.02)
Own	0.748***	0.758***
	(21.37)	(21.62)
Size	7.380***	7.601***
	(11.09)	(11.37)
Lev	−1.959***	−1.968***
	(−73.64)	(−73.93)
Growth	0.321***	0.320***
	(39.69)	(39.42)

表4-5（续）

变量	(1) 战略投资者 Z-score	(2) 财务投资者 Z-score
Inst.own	−0.006	−0.004
	(−0.32)	(−0.22)
Attribution	7.993***	8.095***
	(3.89)	(3.93)
Loan	492.166***	332.518***
	(6.30)	(4.38)
CPI	1.324*	1.320*
	(1.94)	(1.93)
Currency	−1.220***	−0.584
	(−3.26)	(−1.59)
GDP	0.741***	0.804***
	(2.78)	(3.01)
Constant	−252.580***	−256.712***
	(−3.56)	(−3.62)
Year	yes	yes
Firm	yes	yes
N	25235	25235
R-Squared	0.346	0.344

注：括号中为t值，***和*分别表示在1%10%水平下显著。

表4-6 企业分类的回归分析结果

变量	国有企业	民营企业	大型企业	中小型企业
Degree	0.005**	0.045***	0.049	0.008***
	(2.03)	(8.68)	(0.56)	(5.59)
Own	0.460***	0.718***	1.029***	0.230***
	(10.68)	(19.81)	(20.56)	(6.33)
Size	1.653**	4.892***	0.322	0.989*
	(2.13)	(6.86)	(0.55)	(1.78)
Lev	−1.533***	−1.563***	−1.608***	−1.725***
	(−48.62)	(−58.70)	(−46.76)	(−58.11)
Growth	0.299***	0.332***	0.364	0.300***
	(22.30)	(32.76)	(28.10)	(29.94)
Inst.own	−0.055**	−0.022	−0.083***	−0.006
	(−2.59)	(−1.28)	(−3.92)	(−0.32)

表4-6（续）

变量	国有企业	民营企业	大型企业	中小型企业
Attribution	2.233	2.245**	6.026**	4.232**
	(2.13)	(2.20)	(2.16)	(2.21)
Loan	189.673**	401.490***	168.461*	356.561***
	(2.31)	(5.16)	(1.77)	(5.17)
CPI	0.770	1.480**	2.266***	−0.263
	(1.15)	(2.02)	(2.71)	(−0.43)
Currency	−0.664*	−0.621*	−0.128	−1.047***
	(−1.67)	(−1.71)	(−0.28)	(−3.25)
GDP	0.782***	0.011	1.002**	0.595**
	(2.75)	(0.03)	(2.40)	(1.99)
Constant	−57.946	−212.352***	−311.738***	88.507
	(−0.83)	(−2.79)	(−3.51)	(1.37)
Year	yes	yes	yes	yes
Firm	yes	yes	yes	yes
N	9264	15971	12618	12617
R-Squared	0.318	0.408	0.382	0.354

注：括号中为 t 值，***、**和*分别表示在1%，5%和10%水平下显著。

4.3.4 区域比较分析

本书考虑企业所在经济区域的政策一致性和经济协调发展特点，分东部地区、中部地区、西部地区和东北地区四大经济区，考察以战略投资者为共同大股东的区域企业间股东网络对财务风险的影响。罗党论等（2007）指出，外部经济环境是影响控股股东掏空和救助行为的主要因素。因此本书预测，股东网络节点的度对上市公司财务风险的影响，在不同的经济环境下会有不同的效应。

在模型4-2的基础上，分区域进行回归结果显示（见表4-7）：在经济较发达的东部地区和中部地区，企业间股东网络节点的度对Z值的影响显著为正，也就是说，节点的度越大，Z值越大，财务风险越低。因为发达地区经济环境较好，企业健康发展，如果某企业发生财务危机，与之连接的企业会通过共同大股东救助它。而在东北地区，企业间股东网络节点的度对Z值的影响显著为负，即节点的度越大，Z值越小，财务风险越高。东北地区近些年企业发展状况低迷，自身财务存在危机的情况普遍，相互之间信心不足，一旦某家企业陷入财务危机，大股东更容易产生掏空动机。西部地区地域广阔，经济交流不频繁，企业经营相对独立，导致无法形成较密集的企业间股东网络，其节点的度对财务风险也无显著的影响。企业间通过共同大股东联系在一起，发生救助还是掏空，对区域风险起到抑制还是扩散作用，取决于地区的经济状况。地区经济状况良好，企业对其关联企业信心较足，救助的可能性较大，对区域性系统性金融风险起到抑制作用；反之，地区经济状况不佳，掏空行为更容易发生，区域性系统性金融风险可能沿着企业间股东网络传播和蔓延。由此验证了研究假设4-2。

表4-7 回归分析结果（全国各地区）

变量	东部地区	中部地区	西部地区	东北地区
Degree	0.019***	0.096***	0.007	−0.690**
	(6.17)	(2.96)	(1.30)	(−2.35)
Own	0.764***	0.731***	0.588***	0.841***
	(17.57)	(8.29)	(5.94)	(5.23)
Size	7.368***	7.979***	10.058***	3.837
	(8.84)	(4.65)	(5.44)	(1.36)
Lev	−1.994***	−1.901***	−1.876***	−2.095***
	(−60.93)	(−26.65)	(−26.34)	(−18.07)
Growth	0.336***	0.352***	0.264***	0.199***
	(33.11)	(15.17)	(13.19)	(7.27)
Inst.own	−0.002	−0.048	0.026	−0.039
	(−0.12)	(−1.02)	(0.49)	(−0.46)
Attribution	5.996**	9.572**	8.664	18.532**
	(2.18)	(2.26)	(1.52)	(2.38)
Loan	490.766***	383.913	564.185**	1089.583***
	(4.98)	(1.32)	(2.50)	(3.24)
CPI	0.580	2.247	2.368	−3.654
	(0.70)	(0.62)	(1.28)	(−0.70)
Currency	−0.966**	−1.373	−1.611	−3.279*
	(−2.16)	(−0.96)	(−1.45)	(−1.89)
GDP	−0.012	2.105*	1.004	−0.428
	(−0.02)	(1.86)	(1.32)	(−0.60)
Constant	−170.747**	−367.439	−415.488**	340.309
	(−1.98)	(−0.99)	(−2.16)	(0.64)
Year	yes	yes	yes	yes
Firm	yes	yes	yes	yes
N	17136	3515	3425	1159
R-Squared	0.359	0.335	0.300	0.392

注：括号中为t值，***、**和*分别表示在1%，5%和10%水平下显著。

4.3.5 内部控制调节效应

社会网络理论和关联交易理论说明企业间的股东网络可通过关联交易、信息传递、战略资源互通等方式降低企业所面临的财务风险，但大股东也存在着通过关联交易对控股公司的掏空行为，这极有可能造成企业财务危机的爆发及股东关联企业间的财务风险传染问题（Chen et al.，2012），而内部控制作为企业经营管理活动中自我调节和制约的内在机制，是企业风险管理的重要手段，通过控制企业在经济活动中可能产生的风险来降低企业所面临的财务风险，利用系统的强制性约束防范企业偏差行为的发生，做到及时监管、优化自身的资源配置（Gary et al.，2010）。因此，企业股东网络对财务风险产生的影响效果会受企业内部控制质量水平的影响。

基于模型4-3，对控制变量的调节效应进行回归检验，结果如表4-8所示：内部控制质量对Z值的影响在1%水平下正向显著，说明内部控制质量越高，Z值越高，财务风险越低。对于以战略投资者为共同大股东构建的企业间股东网络，节点的度与内部控制质量的交互项系数为正，在10%水平下显著，表明内部控制对节点的度与Z值之间的关系具有正向调节效应，内部控制质量越高，节点的度对Z值的正向影响越大。相反，对于以财务投资者为共同大股东构建的企业间股东网络，交互项在5%水平下负向显著，说明内部控制对节点的度与Z值之间的关系具有负向调节效应，内部控制质量越高，节点的度与Z值的负相关关系越小。通过上述分析可知，内部控制对抑制通过股东网络进行掏空行为的关联交易的效果更为明显，企业高质量的内部控制能够对关联交易进行更为严格的监管，及时制止有损企业利益的一切经济活动，避免企业陷入财务困境。而对于能够提高公司价值、经营绩效的关联交易，高质量的内部控制会保障其顺利实施。由此验证了研究假设4-3。

表4-8　内部控制调节效应的回归分析结果

变量	战略投资者	财务投资者
Degree	0.011**	−0.002*
	(2.45)	(−1.89)
Icq	0.308***	0.319***
	(5.66)	(5.73)
Degree * Icq	0.164*	−0.288**
	(1.95)	(−2.46)
Own	0.749***	0.749***
	(21.41)	(21.48)
Size	7.128***	7.538***
	(10.95)	(11.21)

表4-8（续）

变量	战略投资者	财务投资者
Lev	−1.946***	−1.970***
	(−73.32)	(−74.01)
Growth	0.327***	0.331***
	(39.70)	(39.57)
Inst.own	−0.005	−0.004
	(−0.30)	(−0.23)
Attribution	7.986***	8.087***
	(3.74)	(3.94)
Loan	493.104***	332.766***
	(6.46)	(4.42)
CPI	1.336*	1.319*
	(1.95)	(1.89)
Currency	−1.228***	−0.576
	(−3.35)	(−1.48)
GDP	0.732***	0.806***
	(2.64)	(3.10)
Constant	−273.628***	−270.556***
	(−4.28)	(−3.99)
Year	yes	yes
Firm	yes	yes
N	25235	25235
R-Squared	0.352	0.346

注：括号中为 t 值，***、**和*分别表示在1%，5%和10%水平下显著。

4.4 稳健性检验

为保证结论的可靠性，本书对模型进行稳健性检验。

第一，变换因变量。使用Altman（2002）的Z值作为稳健性检验的代替因变量，计算公式为

$$Z\text{-}score1 = 0.717Y_1 + 0.847Y_2 + 3.107Y_3 + 0.420Y_4 + 0.998Y_5 \tag{4-4}$$

其中，Y_1 = 运营资金/总资产，Y_2 = 留存收益/总资产，Y_3 = 息税前利润/总资产，Y_4 = 股票市价总额/负债账面价值总额，Y_5 = 销售收入/总资产。

回归结果表明：战略投资者为共同大股东的全国及发达地区企业间股东网络节点的度，对Altman的Z值有显著的正向影响，企业由共同大股东连接得越紧密，财务风险越低，研究结论不变（见表4-9）。

第二，变换自变量。使用企业间股东网络的其他节点中心性指标——接近中心性和特征向量中心性，对模型进行检验。研究结果显示：两种网络节点的中心性均对Zhang等（2010）修正的Z值有显著的正向影响，即企业间股东网络的节点越处于核心位置，财务风险越低，研究结论不变（见表4-10）。

第三，内生性问题的分析。考虑到企业当期的财务风险水平很可能受到前期财务状况的影响，从而表现出动态变化特征。为此，本书进一步引入动态面板数据模型衡量潜在的动态效应，并使用差分GMM方法和系统GMM方法进行估计。检验结果显示：AR（1）的检验值均小于0.1，说明残差项存在一阶序列相关性，AR（2）的检验值均大于0.1，残差项不存在二阶序列相关，Hansen检验的p值的取值范围为（0.1，0.25），无法拒绝工具变量合理性的假设，且不存在过度识别问题。分别以战略投资者和财务投资者为共同大股东所构建的股东网络中，度中心性的估计系数显著为正，研究结论不变（见表4-11）。

为了缓解可能存在的遗漏变量问题，考虑到企业治理结构中的股权结构可能影响企业的财务风险，借鉴宫海亮等（2014）的研究，本书增加变量——控股股东类型（CST）和股权制衡度（ZH）。其中，控股股东类型为虚拟变量，国有控股时，CST＝1，否则CST＝0；股权制衡度定义为前十大股东中后九位的持股比例与第一位的持股比例的比值，值越大说明股权制衡度越高。回归结果如表4-12所示，可以看出本书的主要结论仍然成立。

表4-9　稳健性检验结果一

变量	全国	东部地区	中部地区	西部地区	东北地区
Degree	0.003***	0.004***	0.017***	0.026***	−0.090**
	(8.76)	(6.61)	(3.24)	(3.84)	(−1.97)
Own	0.086***	0.097***	0.076***	0.067***	0.063**
	(13.69)	(11.44)	(5.29)	(4.73)	(2.53)
Size	−2.080***	−1.951***	−2.507***	−1.994***	−2.223***
	(−17.38)	(−11.98)	(−8.97)	(−7.50)	(−5.07)
Lev	−0.234***	−0.255***	−0.185***	−0.206***	−0.205***
	(−48.93)	(−39.83)	(−15.88)	(−20.15)	(−11.32)
Growth	−0.003*	−0.002	−0.007*	−0.005	−0.005
	(−1.95)	(−0.94)	(−1.88)	(−1.57)	(−1.16)
Inst.own	0.010***	0.018***	−0.016**	−0.012	0.015
	(3.01)	(4.37)	(−2.02)	(−1.55)	(1.11)

表4-9（续）

变量	全国	东部地区	中部地区	西部地区	东北地区
Attribution	0.291	−0.561	−0.376	2.551***	4.151***
	(0.79)	(−1.04)	(−0.54)	(3.11)	(3.42)
Loan	−10.944	−2.883	28.243	26.444	−12.196
	(−0.78)	(−0.15)	(0.60)	(0.82)	(−0.23)
CPI	−0.174	−0.248	0.487	−0.146	−0.537
	(−1.42)	(−1.54)	(0.82)	(−0.55)	(−0.66)
Currency	0.286 ***	0.311***	0.125	0.075	0.270
	(4.25)	(3.55)	(0.54)	(0.47)	(1.00)
GDP	0.057	−0.083	−0.226	−0.020	0.023
	(1.19)	(−0.82)	(−1.23)	(−0.18)	(0.20)
Constant	72.212***	78.135***	16.774	68.367**	110.429
	(5.67)	(4.64)	(0.28)	(2.47)	(1.32)
Year	yes	yes	yes	yes	yes
Firm	yes	yes	yes	yes	yes
N	25235	17136	3515	3425	1159
R-Squared	0.268	0.269	0.258	0.273	0.271

注：括号中为 t 值，***、**和*分别表示在1%，5%和10%水平下显著。

表4-10　稳健性检验结果二

变量	全国	全国
Closeness	0.092**	
	(2.27)	
Eigenvector		1.517***
		(4.47)
Own	0.758***	0.758***
	(21.63)	(21.62)
Size	7.734***	7.518***
	(11.62)	(11.27)
Lev	−1.970***	−1.967***
	(−74.02)	(−73.90)
Growth	0.320***	0.321***
	(39.53)	(39.61)
Inst.own	−0.005	−0.004
	(−0.27)	(−0.21)

表4-10（续）

变量	全国	全国
Attribution	8.166***	8.101***
	(3.96)	(3.94)
Loan	339.448***	350.622**
	(4.47)	(4.62)
CPI	1.329*	1.292*
	(1.94)	(1.89)
Currency	−0.568	−0.614*
	(−1.54)	(−1.67)
GDP	0.797***	0.789***
	(2.98)	(2.96)
Constant	−261.249***	−252.796***
	(−3.68)	(−3.56)
Year	yes	yes
Firm	yes	yes
N	25235	25235
R-Squared	0.344	0.344

注：括号中为 t 值，***、**和*分别表示在1%，5%和10%水平下显著。

表4-11　内生性问题的检验结果一

变量	差分GMM		系统GMM	
	战略投资者	财务投资者	战略投资者	财务投资者
L. Z-score	0.196***	0.187***	0.201***	0.191***
	(5.72)	(3.69)	(4.98)	(3.63)
Degree	0.012***	−0.004**	0.013***	−0.005**
	(7.96)	(−2.32)	(8.47)	(−2.53)
Own	0.695***	0.696***	0.702***	0.689***
	(20.77)	(20.26)	(21.06)	(21.84)
Size	7.253***	7.752***	7.264***	7.691***
	(10.89)	(11.96)	(11.01)	(11.83)
Lev	−1.764***	−1.875***	−1.806***	−1.896***
	(−72.54)	(−73.98)	(−73.66)	(−74.35)
Growth	0.306***	0.317***	0.318***	0.311***
	(38.79)	(39.15)	(39.08)	(39.04)

表4-11（续）

变量	差分GMM		系统GMM	
	战略投资者	财务投资者	战略投资者	财务投资者
Inst.own	−0.004	−0.003	−0.005	−0.006
	(−0.41)	(−0.26)	(−0.32)	(−0.31)
Attribution	7.862***	8.136***	7.901***	8.092***
	(3.75)	(3.95)	(3.79)	(3.99)
Loan	489.936***	364.638***	491.752***	357.119***
	(6.43)	(4.89)	(6.76)	(4.58)
CPI	1.296*	1.268*	1.301*	1.274*
	(1.86)	(1.91)	(1.89)	(1.95)
Currency	−1.196***	−0.644	−1.201***	−0.606
	(−2.95)	(−1.63)	(−3.03)	(−1.56)
GDP	0.721***	0.787***	0.736***	0.796***
	(2.82)	(2.96)	(2.93)	(2.95)
Constant	−247.618***	−257.416***	−249.365***	−256.930***
	(−3.37)	(−3.59)	(−3.49)	(−3.84)
AR(1)_p值	0.00	0.00	0.00	0.00
AR(2)_p值	0.56	0.53	0.49	0.48
Hansen_p值	0.17	0.19	0.20	0.19
Year	yes	yes	yes	yes
Firm	yes	yes	yes	yes
N	24068	24068	24936	24936

注：括号中为t值，***、**和*分别表示在1%，5%和10%水平下显著。

表4-12　内生性问题的检验结果二

变量	战略投资者	财务投资者
Degree	0.014***	−0.003**
	(8.06)	(−2.06)
CST	0.106**	0.118**
	(1.98)	(2.03)
ZH	0.051	0.046
	(1.57)	(1.39)
Own	0.749***	0.758***
	(21.39)	(21.66)

表 4-12（续）

变量	战略投资者	财务投资者
Size	7.390***	7.612***
	（11.12）	（11.53）
Lev	−1.958***	−1.967***
	（−73.60）	（−73.91）
Growth	0.322***	0.324***
	（39.72）	（39.49）
Inst.own	−0.007	−0.003
	（−0.36）	（−0.21）
Attribution	7.995***	8.094***
	（3.90）	（3.89）
Loan	492.175***	332.516***
	（6.37）	（4.37）
CPI	1.325*	1.321*
	（1.95）	（1.94）
Currency	−1.218***	−0.586
	（−3.21）	（−1.63）
GDP	0.742***	0.803***
	（2.79）	（3.07）
Constant	−252.588***	−256.714***
	（−3.57）	（−3.66）
Year	yes	yes
Firm	yes	yes
N	25235	25235
R-Squared	0.347	0.343

注：括号中为 *t* 值，***、**和*分别表示在1%，5%和10%水平下显著。

4.5 本章小结

本章通过全国及区域A股上市公司股东关系构建企业间社会网络，研究了股东网络与财务风险的关系，主要结论如下。

第一，国有大中型企业及大规模私企处于网络中心位置，与其他节点关联紧密。这些企业一旦发生财务危机，波及面较广，可能对整个区域的经济产生较大影响。但网络不存在绝对核心节点。

第二，最短距离小于3的连接节点，发生关联交易可能性大。而节点两两单独相连（聚类系数为1），也是关联交易最容易发生的情况，一旦其中之一发生风险，需及时关注另一家企业的财务状况。

第三，东部和中部地区经济环境较好，企业能够健康发展，股东网络节点的度对Z值的影响显著为正，即一家企业与其他企业的共同大股东越多，财务风险越低。如果某企业发生财务危机，与其关联的企业对其信心较足，共同大股东会有救助意向，对区域性系统性金融风险的发生起到抑制作用。东北地区企业间股东网络节点的度对Z值的影响显著为负，近些年东北地区的企业发展状况低迷，自身具有财务危机的情况普遍，相互信心不足，一旦某家企业陷入财务危机，大股东失去救助意愿，以资金收益最大和损失最小为目的，此时会从企业抽离资金，发生掏空现象，区域性系统性金融风险有可能沿着企业间股东网络传播和蔓延。

第四，内部控制在股东网络与企业财务风险关系间有显著的调节效应，且内部控制针对由不同投资意图股东所构成的股东网络对财务风险的影响具有调节效应的差异性。对以战略投资者为共同大股东构建的企业间股东网络，内部控制具有正向调节效应，内部控制质量的提高有利于企业借助股东网络防范和化解财务风险。对以财务投资者为共同大股东构建的企业间股东网络情况则相反。内部控制的加强更有利于外部监管，企业内外监管机制的强化降低了区域性系统性金融风险通过股东网络传染的可能性。

第5章 系统性风险的宏观审慎监管

5.1 系统性风险控制策略

深入全面认识系统性风险是化解金融领域风险的起点及首要任务。普遍意义上，系统性风险绝不是一种局限于经济学或金融学的概念，具体来说，"系统性风险"一词最初并非来源于金融领域，而是来自传染病研究领域，指的是一种传染性疾病可能导致大面积、多群体患病甚至死亡的现象。因为在经济金融领域出现的风险与系统性风险的相似度非常高，所以诸多国内外学者乃至监管机构便逐渐将系统性风险用于金融系统中，并对系统性金融风险的概念进行了差异性的厘定。系统危机不多见，却是长期表现的关键。当金融系统崩溃时，许多此前有效的投资战略由于去杠杆化和流动性危机而失效，而管理人员有两种应对系统性风险的重要工具。第一种是尾部风险的计算和控制，第二种是系统性事件的应急预案。金融系统的系统性风险是指金融系统无法继续履行其基本功能的可能性，例如提供信贷、维护证券市场等。在大多数时候，系统性风险的生产在未来数年将变得越来越频繁。因此，它们是固有或者爆炸性风险的原因之一，并且极有可能引发这类风险。此外，由于系统性危机之间传播会隐藏几年甚至几十年，因此很容易忽视系统性风险。

从反应性的风险管理策略来说，它会对监管做出反应，但覆盖范围有限，需要人为关注，这意味着它是由系统处理的，具有全面的覆盖范围，并由技术驱动。在严格遵守国际监管标准的情况下，它对风险管理的传统概念和模式进行了实际的转变。此外，从监管、地方覆盖、人工管理、风险管理到基于系统、退化、技术的监管和风险管理模式的转变进一步推动了企业转型和价值产生。一是主动管理风险。主动适应监管要求，从被动式服从监管转变为主动式对接监管，不断强化公司治理和风险管理，持续提高信息披露透明度，增强主动风险管理对业务发展的保障作用。二是风险管理应坚持"全覆盖原则"。即风险管理应包括所有业务线，包括国内和国际业务，表内和表外活动，本币和外币；各分公司、各部门、岗位、人员；各类风险及其相互作用；所有的管理过程，包括决策、执行和监督。三是创新风险管理技术和工具。借助互联网、大数据、云计算等信息技术，采取线上线下相结合的风险管理手段，创新风险识别、预警和防控的技术和工具，实现风险控制的自动化、智能化。开发与综合商业结构、新商业模式、新模式和信息技术新趋势相匹配的新型应对系统。

构建新型系统性管理体系，树立主动接受监管、主动管理风险的理念，将被动型转变为服从监管的主动型。中国人民银行和国家金融监督管理总局对商业银行的资本、合法成本、风险管理、应对同业竞争、公司管理的刚性及信息公开的针对性和有效性等提出了更高的要求。严格遵守商业银行国际化监管标准。将传统的思维和风险管理模式切实转变为主动风险管理监督，积极适应从被动对接要求、服从监督管理转变为主动领会监管理念，不断加强公司治理和风险管理。信息披露的透明度对地方主动风险管理业务发展的保障将进一步促进业务转型和价值创造，为组织发展、风险管理和市场价值管理制定创新战略。作为长期有效的战略管理机制，市场价格管理贯穿商业银行经营管理的全过程，能够有效指导业务开展和风险管理工作，对提高核心竞争力，促进转型发展具有重大意义。商业银行要建立以市场价格管理为导向，以业务发展为核心，以风险管理为保障的"三位一体"系统风险管理体系、市场价格管理带动业务发展，促进风险管理水平和风险处理能力的提高。正确的风险管理战略为业务健康发展提供了坚实保障，推动公司实现市场价值最大化。事业发展以风险管理为导向，为市场价格管理创造良好条件。形成市场价格管理、事业发展、风险管理三者良性互动的有机整体，从而实现更好、更快地发展。以价值最大化提高抵御风险的能力，真正有效地覆盖风险。

加强研究开发能力体系建设，提高系统风险应对能力。加强宏观经济市场和金融市场研究，提高系统风险预测和识别能力。加强对宏观经济动向和金融市场状况的分析，密切跟踪评价和外部形势的变化对业务经营的影响，有效把控经营管理各个领域、各个环节、各个层次的关键风险，稳步提高对风险的识别、计量、监测和控制，制定早期风险防范措施，确保各项业务稳定发展。培育风险管理文化，建设系统的风险管理团队。企业要将风险管理注入企业文化，将企业文化渗透到银行的各个业务。树立先进的风险文化，要将风险意识从上到下贯穿于每个员工的思想，形成理念，让员工自觉行动和遵守准则，培育"风险管理，人人有责"的文化氛围。通过培训，引进等多种方式，加强风险管理队伍建设和人才储备，形成专业化、细化的系统风险管理队伍。

从经营环境、公司结构内部管理、考虑系统性风险产生的决定因素和企业爆发机制这三个不同角度，对系统性风险的规避和化解提出了建议。特别是防范和减轻环境影响的措施之一，是加强对整体营商环境和结构的研究和判断；防范和缓解业务结构影响的另一项措施是合理确定并逐步降低资产集中度和产品复杂性，并根据经营环境预测有效提高资产负债匹配度；预防和缓解内部经营环境影响的措施是加强对内部经营环境和结构的研究和判断。

为防范和缓解中国银行业系统性金融风险，提出以下建议：首先，迫切需要加强对银行间拆借市场和银行贷款的监管，防止风险在多种渠道间相互转移造成的风险放大效应。其次，投资资产管理应是不同类型银行监管的首要重点，而通过同业拆借渠道可能出现的系统性金融风险应是中小银行监管的首要重点。最后，最大限度地利用资本充足率和资本缓冲降低系统性金融风险的相关性。这是因为这两个因素直接影响如何有效地缓解系统性风险。合理计算资本充足率和最低资本缓冲要求，能够实现提高资本收益和降低系统性金融风险之间的平衡。根据预期的市场流动性水平和不同类型银行设定不同的资本缓冲程序，确定适当的资本缓冲标准。这应与确定合适的标准一起进行。

根据传统的市场经济理论，各种市场主体可以通过充分的市场竞争实现均衡，政府只要做好"守夜"的工作就可以。一轮又一轮的经济危机告诉人们，银行业是一个非常特殊的行业，它的特殊性可能使银行业问题变成整个社会的问题。一个工商企业出了问题，风险的传导过程就会逐渐衰退。但是，当银行出了问题，它的影响是一个网。通过直接或间接的联系，风险层层扩散，再加上相互震荡、重叠、反馈，整个经济系统都会瘫痪，造成巨大的经济损失。正因如此，中央银行制度和金融监督管理应运而生。

监管者最重要的职责是风险控制体系，例如监视并分析经济金融体系系统性风险存在的驱动因子是什么，在哪里，个别主体对金融体系的影响有多大，应该如何设定风险水平等。再如，如何通过制定规则纠正潜在的系统性危险等。此外，银行的股东和管理团队需要承担理应由银行承担的风险。否则，无论小事管得多好，管得多严，整个银行业都会出现系统风险，这仍然是监管的失败。

2011年以后，监管部门引入宏观审慎的监管政策，引入差别准备金动态调整措施和资本充足率、杠杆率、流动性指标、坏账准备4种工具，基本构成了中国宏观审慎监管政策的框架。当然，这些政策工具的实施效果要经过实践检验，监督管理部门也要根据市场变化，及时评价和适当调整政策效果。

国内外学者对系统性风险防治进行了相关研究。

（1）监督和完善市场体制。

2010年，中国工商银行首席风险官魏国雄撰文指出，银行等金融机构应通过系统性风险监管、建立高级别金融稳定监管机构、提高风险管理集中度、完善监管方式和监管指标等，稳定战略领导力和审慎风险的发展。强有力的内部控制对每一家金融机构都至关重要，而且这种控制应定期加以改进。

（2）危险发生阶段。

预防系统性风险的过程分为两个阶段：第一个阶段是事前预防（ex-ante prevention），第二个阶段是事后危机管理（ex-post crisis management）。事前预防主要体现在市场规律、资本监管制度、存款保险制度、最后贷款人剩余票据等方面，事后危机管理主要体现在对实际危机的控制和处理上。事前预防是一种比事后危机管理更主动的方法。

（3）兼顾市场内外。

管理风险的七种方法之一是减少焦虑，从理论上讲，这将避免投资者恐慌，从而降低系统性风险的概率。其他六种策略如下：第一，提高信息的公开性和及早发现信息的模糊性，这有助于降低可能出现的系统性风险。第二，对金融风险暴露的限制导致一家公司的倒闭，这反过来又导致另一家公司的倒闭，从而增加了整个系统面临的风险。第三，为了持续有效地降低风险，降低杠杆可能是必要的，因为杠杆与股本的比率会增加波动性。第四，通过确保赢利的金融机构能够获得足够数量的流动资产，维护市场的完整性，防止混乱。第五，紧急程序，有时被称为对可能出现的问题的短期补救措施。第六，来自外部的约束阻碍了市场的有效运作，这表明市场控制市场并不完美。

提高客户和投资者评估对方风险的透明度，金融市场在资金周转、合理定价、帮助实体经济发展的过程中，也出现了信息不对称、逆向选择、道德败坏等各种问题。普通投资者很难利用公开信息掌握企业的实际情况。对上市公司来说，定期公开财务报表，使投资者看到与公司相关的信息也许不那么难，之所以公司的财务报表完全没有问题，是因为公司往往进行了包装，普通投资者很难区分，进而可能以错误的信息为基础，做出错误的投资决定。在这种时候，透明度比什么都重要。

提高资本充足率，避免交易参与者因潜在损失而破产，资本充足率是一家银行资本总额的风险加权资产比率。举例如下：将 20 万~100 万元，投资于股市，其余均在余额宝，bis 比率为百分之二十，显然比率越大，风险越低。一般用这个比率衡量商业银行风险的指标较多，例如全部在巴赛尔协议规定银行的资本充足率不得小于 8%。提高 bis 比率是指按照投资者的能力行动，尽量少进行投资高风险资产，例如股票、期权、期货投资。

5.2　企业关联的风险控制

5.2.1　企业关联风险

形式上，企业关联分为两种，即显性关联和隐性关联。显性关联主要是指股权被主要投资人或其近亲属直接或者间接控制的方式，产权关系可以从公司章程、持股比例中得到验证。隐性关联是企业之间的一种关联形式，表面上没有关联，但实际上隐含着一种投资关系，或在商业决策、资本调度、生产和经营的控制方面有影响关系。隐性关联的一个例子是通过匿名出资、交叉持股、代理和其他形式的所有权对公司进行间接控制。

关联企业风险有以下几种类型。

准入风险：具有隐蔽性的特点，银行很难识别关联方企业数量、贷款总额、行业分类及风险状况，难以全面、准确地了解关联企业全貌，风险把控力较差。在贷后管理中也难以对关联企业实施有效监管。

授信风险：关联企业在多家银行融资，不能信息共享，银行很难把握整体授信额度，极易产生授信过度、多头融资的现象。

监管风险：企业关联交易频繁，真假难辨，信贷资金挪用现象突出，银行很难进一步跟踪企业资金真实流向。

互保风险：企业互保现象普遍，关联企业出现的风险具有联动性，会迅速传染给其他成员企业，引发系统性风险。

逃废债风险：当成员企业出现风险时，为保全利益，利用关联交易转移资产，虚化企业承债能力，舍车保帅，转嫁风险。

避免卷入相互关联的交易几乎是不可行的。由于市场经济的发展，越来越多的企业相互参与交易。由于关联交易的普遍存在、交易事项的人为性及交易价格的灵活性，人们对关联交易的公平性和公正性产生了担忧。这些担忧来自集团企业之间存在着股权等方面的特殊关系。为限制公司间交易所带来的风险所采取的任何努力都将大大有利于企业的长期绩效，而这些努力无论是否成功都应该进行。

相互关联企业产生的经营风险有以下几种类型。

一是没有适当的制度来监督和授权发生在同一集团的公司之间的商业交易。市场经济的法治建设还有待完善，中国的经济制度和相关制度都还没有发展到最后阶段。还有一些关联公司的财务交易内部控制制度不值得信赖。更确切地说，相当多的私人控股公司仍然利用不充分的公司管理结构和其他几种内部控制手段。信息共享过程缺乏公开性和透明度，缺乏确定的标准，审计和监督职能不足，缺乏合理的定价基础。此外，股权结构不透明。为促进集团企业的发展，针对属于集团企业的子公司交易频繁发生、定价不明确、内部控制制度不健全、风险评估程序缺乏等问题，应充分发挥审计部门的作用。针对属于集团企业的子公司频繁发生的交易，虽然促进集团企业的发展，但在公平审查不够准确的情况下，集团公司的扩张将面临危险，所以适当的集团内监管必不可少。

二是属于同一集团的公司相互提供短期贷款但无意偿还。作为一个集团的一部分的企业，通常会参与一些涉及大量资金的相互关联的财务交易。因此，在组成集团的许多组织之间不可避免地会有大额的资本流动。当一个集团中的一家公司由于一笔交易而出现现金盈余，而另一家公司出现现金不足时，这两家公司可能会互相借钱。相关人员之间的借贷交易频繁，不遵循正式的审批程序。此外，如果其中一方急需经济援助，相关公司可以提供短期贷款，通常是无息的，数额相当大。关联公司相互间提供短期贷款往往与生产或经营的需要无关。由于部分大企业没有严格的资本管理制度，因此，经常出现高风险、不明智的短期贷款行为。与独资企业相比，作为一个集团的一部分的企业可能有相当大的风险规避漏洞，这些漏洞是通过企业间的贷款而形成的。由于交易是在有关联的各方之间进行的，如果一方出现财务问题，另一方就会遭受损失。

三是相互关联的公司之间的交易定价不精确和不公平，有可能与税务当局发生冲突。集团企业对内部产品进行关联交易，制定并实施交易价格，使其在一定程度上发展壮大了，为了适应市场环境的变化和进行有效竞争，一些集团企业设立了若干家子公司，进行业务协作，以实现集团的总体战略目标。当涉及集体企业之间进行必要交易时创建的合同的价格结构时，既没有一致性，也没有一套适用的标准。在绝大多数情况下，这些决定都是基于企业集团旗下公司的特殊要求。因为它们被要求坚持集团的整体战略，一些子公司被看不起，尽管他们会遭受长期亏损，这是定价过高的直接结果。除了日常的税务通知之外，公司还必须应对各种其他与税务相关的风险。

四是为了减少必须支付的税款，作为集团一部分的关联公司采取避税策略，如操纵利润或将这些收入转移到其他相关活动。或者，如果该集团的一些公司活跃在迅速扩张的可再生能源领域，这些公司可能有资格享受较低的企业所得税税率和高科技企业享有的其他优惠。此外，这些公司之间的互动可能会导致集团整体利润缩水。在合理范围内降低税负是可能的。然而，这样做必须以道德和合法的方式进行。

关联人认定不正确、关联交易定价过高、关联交易停止以及其他性质相似的事件，都是公司管理关联交易所涉及的风险的实例。"关联交易"是指公司与亲密的同事或家庭成员之间发生的任何商业安排，这种安排对公司来说是正常的，但可能会产生不道德的结果。经营分析风险和财务风险是关联交易中最主要的两种风险。还有其他一些重大风险，如关联方的错误识别、关联方交易的不合理价格以及与关联方交易有关的活动中断都是关联交易操作风险的例子，当组织试图保持对关联交易的控制时，这些风险可能会出现。当一个组织试图避免失去对关联交易的控制时，也会产生操作风险。如果没有以适当的方式维护公司的账户，就有可能因为关联方交易而遭受金钱损失。

相关交易的经营风险包括：

①相关商业活动中断，对企业正常生产经营产生影响，最终导致资产损失。

②相关交易的价格结构不合理，可能导致公司资产损失或者中小股东权益损失。

③无法及时催收债务，资金使用不当，导致公司正常经营活动中断。

④关联方划分错误，可能导致财务报告信息不准确、不充分。

⑤交易合同中有关权利义务部分未经审查变更可能产生的危险。

"操作风险"一词是指由于关联方的错误识别、关联方交易的不合理定价以及组织在对关联方交易实施控制时发生的涉及关联方交易的活动而可能产生的众多危险。

关联方交易的财务风险包括：

①未及时或者提前记录，导致关联交易数据不准确的。

②由于关联方的错误识别、统计会计的变化、虚假财务会计和不准确的外部披露而造成的少报或多报。

公司或其子公司与在公司中有直接或间接利益或投资的关联方之间的交易称为关联方交易。

企业必须清楚地了解关联方交易的好处和风险。关联方交易是效率导向市场理论的自然结果，它的存在是合理的，因为它的交易成本低于通常的市场交易，它的组织支出低于企业。然而，关联方交易也存在重大缺陷，包括它可能对组织的经济福利产生严重影响，并在法律上构成巨大风险。

5.2.2 风险防范与控制

加强贷款调查，严格客户出入。树立正确的营销和风险管理理念，要充分听取新的顾客的外部信息，利用信用查询系统等外部信息综合分析工具，对于符合标准的顾客群体，其管理体制要把握好，合理调整成员之间的法律关系，按照集团客户管理模式进行统一授信和管理，防止过度授信。有意隐瞒相关关系，参与民间借贷及多头信贷，各行各业并举，迅速扩张，跨行退出，要慎重介入，从风险源头上加以控制。

完善贷后管理和围绕担保的流程。在贷后监管过程中，如果发现客户可能存在关联关系，要用几种不同的方法摸清关联关系，并认真执行集团的客户管理标准。核实抵押物的产权是否已经存在，完善法律程序，提供足够多的抵押物，有效覆盖风险暴露的区域。首先，优化担保方式，逐步将企业相互担保转化为抵押担保，核实抵押物的产权是否已经存在。其次，严格规范企业对外担保的行为。与公司签订补充协议，要求其对外担保必须得到贷款银行的书面批准。这样做的目的是减少集团成员企业采取的与诉讼有关的活动可能带来的风险。最后，加强对信贷资金的监控，把重点放在没有贸易背景的相关交易上，对信贷资金实行银行管理，防止相关企业向其催要资金或挪用资金。

深入研究风险，同时及时调整方法。对符合集团客户描述但不积极参与集团客户管理的客户，要对其客户风险水平进行全面分析和评估，以便及时调整管理策略，保证措施的可行性和风险控制的有效性。一是对那些在贷款前故意隐瞒重要环节的客户进行有针对性的分析，并迅速将其从虚假融资、骗取贷款以及被实际控制人转移投资股票和私人贷款的信贷资金中剔除。二是为确保风险管理的有效开展，对借款人生产经营正常、贷款资金使用规范、还款来源充足、无实际风险因素的相关业务，参照集团客户模式进行管理。三是对有潜在风险的关联客户，制定方案，减轻担保压力，逐步降低信贷使用额度，最终退出。这样做的条件是，要优化担保方式，实行有效的资产抵押。此外，这一计划应以能够实施有效的资产抵押为条件。

为更好地保护银行债权，中国应加强关联企业的立法。目前，中国与关联企业有关的法律法规大多集中在税法、企业会计准则、独立审计准则等方面。尽管如此，但在保护关联企业的债权人利益、规范关联交易以及涉及董事之间利益冲突的交易方面，仍然存在着差距。应适时修改并完善这些法律法规，尽快落实关联企业贷款管理的法律法规或细则，明确关联企业贷款的条件、担保的资格、与银行的债权债务关系；进行贷前调查，严格控制关联企业的信贷投放。除了提高负责信贷管理的工作人员的业务技能外，还必须进行详尽的贷前调查以及财务分析。银行应该对相互关联的企业进行联合调查，并尽可能多地获取有关信息。对企业的组织结构模式、运营模式、主要资产状况以及财产所有权等情况进行了解是至关重要的。除此之外，全面了解关联企业之间的隶属关系以及财务关系和它们所从事的交易也是非常必要的。关于担保措施的实施，应彻底审查关联企业的担保资格和法律效力。此外，应明确担保人的偿债能力，并尽可能用动产和不动产作担保。此外，应实施统一的信贷。换句话说，就是对所有属于集团的关联企业都设置一个允许的信贷总限额，属于集团的关联企业的贷款总额不能超过这个限额。由于关联企业能够防止因资本或资产膨胀而导致的信贷膨胀（这要归功于统一的信贷），因此可以避免高估集团发放的总信贷，而这种情况在使用零散信贷的情况下会发生。可以说，统一授信将从源头上控制因向相关企业提供大量贷款而产生的风险。通过仿照国际银行管理关联企业信贷风险的程序，建立全球客户经理制度是可能的。全球客户经理将提高关联企业的信用风险管理意识，建立健全信用风险管理机制。根据各子公司的需求，全球客户经理将把集团客户的总信用额度分配给所有或部分子公司，将优先考虑业务发展较好的子公司。同时，为了产生风险调整收益的概念，在扩大关联企业信贷业务的过程中，要适当处理好业务增长与关联企业信贷风险管理之间的关系。商业银行治理关联企业信贷风险的保证是由有效的风险管理程序提供的。这些机制也应该被用来建立一个平台，让相互关联的企业之间共享信息。由于关联企业内部公司之间的关联交易不可避免，关联企业内部的关联方有可能进行不公平的定价交易，从而导致资产或利润的转移。关联企业与内部企业有特定的联系，这使得商业银行更难确定关联企业经营和财务信息的真实性，也更难全面了解关联企业的整体信用状况以及它们之间的担保关系，难以加强关联企业的贷后管理。此外，这也增加了商业银行判断关联企业经营和财务信息真实性的难度。为了防止资产和利润的非正常转移，商业银行应认真监督关联企业的经营、财务状况和贷款资金流向。此外，商业银行应加强对关联企业之间关联交易的监督。（谢伟华，2005）

随着经济的快速增长和多元化，区域间跨行业贸易增多，企业集团的形成越来越多，但企业在集团信用管理失败的后果必将更加严重。为避免了相关企业受牵连，需加强企业的信用风险管理，预防和控制企业集团关联应遵循以下原则：

（1）适度原则。

企业集团及其关联企业的总信用额度最终由组织集团总信用额度的最高综合信用额度、资产负债指标、盈利能力和流动性指标、贷款本息偿还情况、中央管理层的信用状况等因素决定。

（2）统一原则。

为了减少欺诈风险和不必要的重复信贷，必须有统一的程序来管理大企业集团的信贷。一是授信合一，即对于属于同一集团的相关企业，仅对系统内一家机构按照审批程序授权，核定其综合授信最高额度。二是统一币种交易，包括同一公司集团客户的国内和国际币种融资交易。这些交易可以用本币进行，也可以用外币进行。

（3）定性分析与定量分析的结合原则。

授信的过程始于银行根据自己的风险管理定量模型决定愿意借给这家公司多少钱。这是信贷程序的第一阶段。下一阶段需要深入、科学、客观、合理地分析相关企业的财务和非财务因素，对被调查企业集团进行定性评估。

（4）实行区别对待、分类管理的原则。

第一种策略是，为保证企业集团稳定发展，要遵循业务长效机制，需做到：一是产业支持；二是主营业务经营突出；三是相关关系稳定；四是没有不良信用记录；五是业务稳定；六是业务发展符合国家产业政策和银行信贷政策，以及与生产型企业集团的信用关系。第二种策略是，如果一家公司正在迅速扩大其资本运作，转移其重点，或从事与其核心业务无关的活动，而这些活动的原因是该公司与属于自己集团的其他公司的关系非常复杂，那么对这些公司进行谨慎和深远的干预。第三种策略是，在经营融资方面，对净资产50%以上投资于外国股票的公司和由家族控制的企业进行严格的限制。第四种策略是限制对与违反国家产业政策、信贷政策、市场准入要求的机构有关联的企业，经济效益差、低水平重复建设、债务水平高的企业的金融援助。

（5）预警原则。

凡未事先遵守规定而触碰"高压线"（企业信用失信）者，将受到"红灯"（经营受限）处罚。这是因为"高压线"必须得到调控。同时，相关企业的信用风险需要及时预测，企业集团可以在遭遇相关企业的贷款业务、财务、核心管理人员的异常变化以及违规业务，包括被起诉、拖欠利息、债券、偷税漏税、提供虚假材料等重大问题时，及时备案、提出公告。

5.3 地方政府审慎监管

审慎监管也可称为金融风险监管或金融风险监测，可以对金融机构进行监视和监督，以检查它们的健康状况，并能够识别和规避风险，监督和控制金融机构与银行的程序，特别是在自由市场经济国家。最常见的金融机构是商业银行，它也常被称为"信贷机构"。这些公司对当代经济的运行至关重要，因为它们引导国内的资金流动，在国内和国际层面充当金融交易的渠道，并调解客户与公司之间的关系。尽管许多不同的行业也面临分散的风险，但金融业更容易受到系统性崩溃的影响，即使只有少数机构面临困难。正因为如此，金融机构在其业务实践中有极端谨慎的责任，国家有义务设立以比监管其他类型企业更严格和更明智的方式监管金融部门。金融机构受到比一般工商企业更严格的市场准入和更高的要求，金融机构的"经营审慎性"也受到严格的监管。

为了维护金融体系的稳定，防止不利的外部溢出（即从金融体系向经济体系溢出），监管机构开始使用宏观审慎监管模式。这种模式是一种自上而下的监督方式。微观审慎监管是一种更具体的控制水平，集中于特定机构及其运营情况。由于 2008 年的金融危机，以国际清算银行（Bank for International Settlements，BIS）为代表的全球金融体系显然不具备必要的宏观资源对世界金融机构进行监管。这是因为国际清算银行主要关注对个别金融机构的监测和检查，而不是整个系统。2000 年，国际清算银行的总裁创造了"宏观审慎"一词，用来描述监管机构密切关注整个金融体系的方式，以降低市场波动可能造成的潜在损失。这样做是为了降低金融崩溃的风险。此外，研究金融危机成因的银行业专家发现，微观审慎监管模式中隐藏着系统性风险。通过转向宏观审慎战略，这种风险可能会得到缓解。自那时以来，负责监管国际银行业的当局加强和改善了宏观审慎监管。G20峰会的报告要求建立一个新的监管范式，其中包括微观和宏观审慎因素。2010 年，十七届五中全会再次强调，要在监管体系内深化实施宏观审慎监管模式，避免金融市场出现周期性波动。这是为了在监管体系内深化实施宏观审慎监管模式。首先，宏观审慎控制和微观审慎控制的目标并不相同，尽管两者都是监管形式。宏观审慎监管的目标是使整个经济处于金融均衡状态，而微观审慎监管的目标是使单个金融机构之间处于金融均衡状态。换句话说，宏观审慎监管考虑的是整个森林，而微观审慎监管则集中在某一时刻的某一棵树上。其次，被监控的目标发生了变化。宏观审慎监管的目的是保证整个货币金融体系的持续稳定。而微观审慎监管能够保障特定金融机构的健康。最后，有许多风险是同一种风险。

2008 年金融危机后，巴塞尔委员会（BCBS）通过《更具稳健性的银行和银行体系的全球监管框架》和《流动性风险计量、标准与监测的国际框架》两个文件，俗称《巴塞尔协议Ⅲ》。2012 年 6 月，中国银监会颁布《商业银行资本管理办法》（下称《资本办法》），为国际监管改革在我国的落地打下基础。从那时起，中国银行业监督管理委员会开始积极推动中国实施《巴塞尔协议Ⅲ》，致力开发四种新的监管工具。这些工具包括动态资本、杠杆率、流动性规定和还账准备。新的巴塞尔协议强调"跨时间层面的反周期监管"，利用硬性量化指标，从监管的角度平滑金融系统固有的、由跨机构经济波动引起的顺周期性。根据中国银行业的发展现状，提出了一个有利于中国自身发展和金融稳定的监管体系，而不是只关注量化指标来满足新协议的标准。

《巴塞尔协议Ⅲ》最重要的方面是提高资本要求，对流动性进行更严格的监管，并改善宏观审慎监管。《巴塞尔协议Ⅲ》的大部分内容可以从以下两个领域来理解，它们分别基于宏观审慎监管的横向和纵向两个方面。

第一，横向管理和监督，主要目标是防止不同金融机构之间潜在的灾难性传染行为。由于金融机构的强烈相关性，在发生类似的风险崩溃时容易受到传染，监管系统作为一个具有系统重要性的金融机构脱颖而出。这使得监管体系成为"系统重要性金融机构"称号的最佳候选人。巴塞尔银行监管委员会还为建立具有系统重要性的金融机构的想法制定了评估标准。具有系统重要性的机构包括大银行和具有强大联系的不可替代的金融机构等。由于金融机构的系统重要性与实体经济的扩张相互关联，巴塞尔银行监管委员会提高了具有系统重要性的金融机构的资本要求水平。这样做是为了防止"不能倒闭"的道德风险，当一家机构被认为太重要而不能倒闭时，就会出现这种风险。

第二，纵向监管，旨在保护实体经济不受金融市场波动的影响，努力将这些波动对实际经济的影响降至最低。《巴塞尔协议Ⅲ》包括建立资本缓冲制度的条款，其目标是在经济繁荣时期减轻经济衰退的影响，稳定金融机构的资本头寸。在讨论资本缓冲制度时，可以采取两种截然不同的手段（反周期资本和留存资本）。其他纵向约束的方法包括提高资本充足率、最大限度地提高杠杆率和保持足够的流动性。当描述银行在违约情况下承担损失的能力时，使用了"资本充足"一词，更高的资本充足水平意味着更低的资本风险水平。作为金融监管工具，提高杠杆率有助于金融机构将资本保持在较高水平，同时将资本维持在适当水平。此外，流动性监管使得金融机构更容易履行对客户等各方的支付责任。即使资本充足率和杠杆率在法律限制范围内，如果金融机构流动性不足，金融机构面临的风险敞口也可能会增加。全球金融危机后，巴塞尔银行监管委员会得出结论，金融体系需要以流动性保障比率等流动性约束的形式进行额外的保障。

《巴塞尔协议Ⅲ》确立的宏观审慎准则在中国的应用如下。

第一，宏观和微观审慎监管相结合的理念最早是在《巴塞尔协议Ⅲ》框架下提出的，也是最早得到支持的。将这两种监管框架结合起来，就能保证金融机构在市场动荡时仍能顺利运作。与此同时，这样做可以保护投资者的资本。尽管在中国微观审慎监管方法已经变得更加成熟，但在正确接受宏观审慎监管的概念方面却遇到了困难。对中国银行业来说，在保持以管理和监督为重点的同时，更多地强调对整个系统的检查，而不是对单个机构的检查将是有益的。监管机构内部必须明确分工，分别负责宏观和微观管理，这将是一个理想的情况。

第二，加强对具有系统重要性的金融机构的监管，这些金融机构在货币体系的运作中发挥着至关重要的作用，开展与其他金融机构的交易，保护金融市场不受经济动荡的影响。保持金融机构平稳运行固然重要，但避免"牢不可破"的道德风险也至关重要。建立创新的金融机构治理框架，有效稳定风险，快速应对系统性风险。对金融机构来说，要么缴纳被称为"金融稳定贡献"的税款，要么遵守更严格的资本标准，这是必要的。这将确保银行始终有足够的资金度过危机。

第三，货币政策目标的实施既要保护和保持权重平衡、物价稳定，又要逐步促进经济发展和就业，统筹宏观审慎监管和货币政策。换句话说，货币稳定的目标需要以保持和维持权重平衡和价格稳定的方式来实现。货币政策的执行者面临着巨大的压力，在相互竞争的目标之间取得公平平衡，减轻货币政策宏观审慎监管的残余负担，以实现更精确的目标，这是一项挑战。借助有效的宏观审慎监管框架，可以避免金融市场出现"周期性"现象，最大限度地降低机构间风险传染。的确，货币政策的基本目标是保护一国货币的购买力，然而，仅仅依靠这一目标来刺激经济快速增长是不可能的。近年来，中国金融业发生了重大变化，金融创新数量增长，基于网络连接的技术被广泛使用。综上所述，金融市场现在在风险扩散面前显得更加脆弱。因此，从宏观经济角度看，要稳定市场价格，光靠货币政策是不够的；除此之外，还需要规范和管理金融机构的运作动态。通过调控货币政策稳定市场，通过管理宏观审慎政策的方向降低系统性风险。两种方法结合使用以实现宏观经济稳定，减少市场波动。此外，货币政策和宏观审慎监管需要合并，因为这两项政策的目标和实施手段是不兼容的、不可比较的。

《巴塞尔协议Ⅲ》对于宏观审慎监管方法有很大参考价值，这是银行业监管机构最支持的策略。为了确保对整个经济的监管是宏观健全的，监管者的注意力应该集中在具有系统重要性的金融机构、充足的资本和货币政策上。一方面，设立与金融市场有密切联系的金融机构是防范金融系统内部风险蔓延的一种手段；另一方面，宏观审慎监管的目标是减少周期性波动，为银行提供适当的资金。根据目前中国银行业监管的现状，应当借鉴《巴塞尔协议Ⅲ》的先进经验，基于中国的金融监管框架，结合中国的实际情况进行修改。《巴塞尔协议Ⅲ》及金融监管方式的不断改革和创新，促进了许多国家金融监管有效性的提高，稳定了全球金融体系。中国全面融入金融全球化进程，运用《巴塞尔协议Ⅲ》加强国内银行业监管，构建具有中国特色、符合客观金融监管现状的监管框架。中国已经率先进入了金融业的全球化。

《中华人民共和国银行业监督管理法》第二十一条规定：银行业金融机构的审慎经营规则，由法律、行政法规规定，也可以由国务院银行业监督管理机构依照法律、行政法规制定。前款规定的审慎经营规则，包括风险管理、内部控制、资本充足率、资产质量、损失准备金、风险集中、关联交易、资产流动性等内容。银行业金融机构应当严格遵守审慎经营规则。

有必要认识到银行业务所涉及的风险，保持有关风险的记录，并采取适当的行动来减轻风险。如果目标是鼓励金融机构以这种方式行事，监管机构的参与就至关重要。为了使监管机构有效地管理风险，需要制定和实施审慎规则。例如，对资本充足率、坏账准备、资产集中度、流动性、风险管理和内部控制等提出要求。政府有责任通过对银行施加规则来确保银行不会承担不合理的风险。可以采取定性或定量的形式制定这些准则。这些准则本应作为银行在开展业务时遵循的基本准则；然而，它们并不能够取代监管机构的判断。由于银行业的动态特征，监管机构经常被要求评估审慎监管授权的遵守情况，以及这些授权的执行有效性和引入新授权的要求。不合规审慎经营可能导致国家金融监督管理总局实施决议撤销指令、补充股东资本指令、限制资产转让、限制股东权益转让、转让股东权益指令、调整董事和高级管理人员指令等强制性措施。这些强制性措施旨在确保审慎业务得到适当执行。国家金融监督管理总局有权要求对中国金融机构的董事会和高管进行监督访谈。如果国家金融监督管理总局选择这样做，它能够迫使金融机构履行其制定的披露义务。

5.4　本章小结

系统性风险防治首先需要银行等金融机构通过系统性风险监管、建立高级别金融稳定监管机构、提高风险管理集中度、完善监管方式和监管指标等，稳定战略领导力和审慎风险的发展；其次，分阶段进行系统性风险预防，第一个阶段是事前预防，第二个阶段是事后危机管理；最后，要兼顾市场内外。

在企业关联风险的防范与控制中，中国应加强关联企业的立法，同时在预防和控制时遵循适度原则、统一原则、定性分析与定量分析相结合的原则，实行区别对待、分类管理原则，以及预警原则。

根据目前中国银行业监管的现状，应当借鉴《巴塞尔协议Ⅲ》的先进经验，并结合中国的金融监管框架和实际情况进行调整。

第6章 总结与展望

6.1 研究总结

本书致力于应用复杂网络方法研究企业的风险特征与风险传导，旨在从社会网络视角对企业内部风险进行理论和实证研究，从一个全新的角度解析企业间关联和资源互通现象，诠释企业财务风险和风险承担水平的传导与互通机制，为地方经济治理提供智力支持。

以2010—2019年全国及区域A股上市公司为样本，通过共同高管关系构建社会网络，研究高管网络与企业财务风险的关系，主要结论如下。

①高管联结关系数量从2010年的1420家到2017年的2768家，占A股上市公司的比例从97.9%增长到99.7%，这说明上市公司间的高管联结现象越来越普遍，由此形成的网络关系也越来越复杂。2018年的高管离职潮使得网络孤立节点有所增加，但高管联结数量在2018和2019年仍处于上升趋势。

②企业间高管网络的平均最短距离较小，网络结构呈现层次化，企业间容易进行信息的传递及资源的流通，特别是一些聚类系数为1的节点两两单独相连，连接结构的特殊性使得它们之间更易发生信息资源的互通，一旦其中之一发生财务危机，与之相连的另一家企业会很快获取到财务治理相关信息并及时采取措施以避免财务危机的发生。

③网络度中心性和接近中心性均对Z值有显著的正向影响，也就是说企业间共同高管越多，联结越紧密，财务风险就越低。

④位于经济发达地区的企业，面临着良好的外部经济环境，企业自身保持健康快速发展。一家企业通过共同高管与其他企业建立起来的联系越多，联结程度越紧密，其自身也能接触并获取到更多的网络资源，一方面有助于提高公司的治理效率，另一方面使得企业防范化解风险的能力进一步提高，所面临的财务风险更低。

⑤经济欠发达地区所形成的高管网络，节点度中心性与财务风险的关系并不显著，但接近中心性与财务风险之间呈显著正相关关系，说明经济欠发达地区企业间建立起的高管联结更为紧密，企业间参与资金转移的行为更为常见，由此使得企业面临的财务风

险更高。

⑥通过研究融资约束在高管网络中心性与企业财务风险关系间的中介效应，可以得出：高管网络有助于缓解企业的融资约束问题，且区域经济在其中具有一定的调节作用，进而能够通过降低企业的融资约束程度有效缓解企业所面临的财务风险。

6.2　政策建议

经过多角度多层次的深入研究，本书对社会网络如何影响企业风险传染和风险管理有了更为全面的认识。根据本书结论，本书尝试提出以下几点建议。

①经济金融市场监督者要理性看待企业的高管联结现象，对于加强风险承担决策的重要私有信息传播、有效缓解财务风险并抑制财务风险的扩散的关联现象予以鼓励和保护。政府部门可从高管网络角度关注经济发展显著的区域不平衡性，区分不同区域企业间高管网络对财务风险的影响存在的差异性。对区域经济发展水平高、企业间高管联结现象多的情形，支持有效信息传播。对于经济欠发达地区的高管联结现象，监管企业间因共同高管而发生资金转移情况，降低财务风险发生的概率。

②对于企业的控制者和管理者而言，研究企业多角度关联及其风险特征演化可以得到一些启示。企业现行所有权和经营权两权分离制度，股东与高管作为企业的所有者与经营者，对企业战略的实施及相关策略的制定发挥着至关重要的作用。大股东通过股权结构组建企业集团，企业之间资金资源相互支持，进而达到风险共担的目的。高层管理者的社会关系能够为企业提供社会资本和资源，高管联结提供了信息沟通以及传递的渠道，管理者可以从其网络关系中获取利益和关键信息，从而降低信息不对称等带来的风险。企业共同股东之间的关联交易和共同高管之间的信息传递，存在相互影响、相互依赖的效应，股东网络和高管网络结构的差异性会有效抑制风险在网络层之间的扩散，对企业风险承担产生更加复杂的影响。因此，通过建立股东和高管的关联关系，完善股东关联和高管联结的共同作用机制，可以为企业拓展风险传染和风险承担的管理思路提供帮助。

6.3　本研究的局限性与进一步研究方向

基于社会网络对企业风险特性和风险传染的研究是多方面的，本书主要从关联交易和信息传递的角度，探究企业间高管网络对企业风险特征的影响。受数据可得性和理论机制资料不足等限制，研究仍存在若干不足之处，接下来的研究应着重思考以下研究内容。

①本书主要采取逻辑推演和实证分析的方法，缺少理论模型推导。下一步试图以市场主体行为扩散下的实体经济网络演化机制及模型为基础，分析企业主体之间以信贷、股权、高管、投资等关系关联为核心的直接或间接风险传染路径。试图分别从传导产生

的基础、传导链、桥梁对企业的风险传染等方面做相关剖析，并构建企业风险传导系统运行的混沌模型，逐步修正实体经济关联网络模型的参数，洞悉企业风险的传导机理，对比分析传染模型中各参数对风险传导过程的影响，得到最优化的风险传染测度模型。

②将复杂网络中的传播机理引入网络风险传导研究中，基于外部市场和经济环境冲击下的风险传导动态模型，借以验证实验工具演化风险控制和风险管理政策的有效性，建立存在多种关联企业和多个金融资产的具有复杂网络关系的人工金融市场，探求当某政策变化或某企业发生危机时，网络系统中关键节点的异常变化，揭示网络组织风险传导的机理，构建风险传导控制策略和风险管理机制。

③金融市场的风险往往通过企业之间的各种网络聚集和传导，股权、投资和高管网络作为企业之间的重要网络之一，刻画了企业主要持股人、投资者和管理者之间的关系，其结构被广泛认为对市场风险，尤其是崩盘风险可能产生重大影响，进而影响公司治理、公司估值甚至金融市场风险传导。基于此，测度资本系由股权、投资和高管连接的多层网络统计指标，并计算崩盘风险的回报率负偏度和股价波动率差异，考量复杂多层网络对崩盘风险的影响。

④大股东纵向兼任高管，加强对公司的控制权，从而获得更多的经营管理信息，有利于提高企业的抗险能力和经济金融体系的稳定性。构建的不同年份的企业间股东、高管和担保多层网络模型，分析共同股东、高管和担保人共同作用下企业经营业绩、风险的变化，衡量受经济大环境影响的风险传染程度。有待构建其他多层网络层间相关性测度指标，应用于揭示企业间不同类型关联性间的内在作用机制。

参考文献

巴曙松,左伟,朱元倩,2013. 金融网络及传染对金融稳定的影响[J]. 财经问题研究(2):3-11.

毕新华,温池洪,2007. 企业信息化决策模式与方法研究[J]. 情报科学(12):1897-1901.

边燕杰,张顺,2017. 社会网络与劳动力市场[M]. 北京:社会科学文献出版社.

蔡星星,林民书,2016. 温州融资关系网络的结构特征、风险传导与传染效应:基于动态理论模型的分析[J]. 现代财经(天津财经大学学报),36(9):3-15.

陈逢文,冯媛,2019. 新创企业社会网络、风险承担与企业绩效:环境不确定性的调节作用[J]. 研究与发展管理,31(2):20-33.

陈建林,2021. 高管联结对制造业企业创新绩效的影响研究[J]. 科研管理,42(1):200-208.

陈莉萍,张海龙,徐璟璟,2018. 产权性质,公司战略与企业风险承担[J]. 财会通讯(30):18-23.

陈亮,1998. 上市公司经济实力与区域经济环境相关分析[J]. 经济研究(9):53-59.

陈泉,杨建梅,曾进群,2013. 零模型及其在复杂网络研究中的应用[J]. 复杂系统与复杂性科学,10(1):8-17.

陈仕华,卢昌崇,2013. 企业间高管联结与并购溢价决策:基于组织间模仿理论的实证研究[J]. 管理世界(5):144-156.

陈小鹏,江少波,2021. 股权质押、企业风险承担与研发投资[J]. 财会通讯(4):89-91.

陈运森,2012. 独立董事网络中心度与公司信息披露质量[J]. 审计研究(5):92-100.

成力为,赵晏辰,吴薇,2021. 经济政策不确定性、融资约束与企业研发投资:基于20国(地区)企业的面板数据[J]. 科学学研究,39(2):244-253.

程恩富,彭文兵,2002. 社会关系网络:企业新的资源配置形式[J]. 上海行政学院学报(2):79-90.

崔丽艳,许小可,2017. 参照零模型的双层网络结构相关性检测[J]. 科技导报,35(14):63-74.

戴文涛,王亚男,2019. 内部控制法规、内部控制质量与财务报告的可靠性[J]. 财经问题研究(12):73-80.

董大勇,刘海斌,胡杨,等,2013. 股东联结网络影响股价联动关系吗?[J]. 管理工程学报,27(3):20-26.

杜善重,马连福,2022. 连锁股东对企业风险承担的影响研究[J]. 管理学报,19(1):27-35.

范宏,张燕飞,2019. 中国银行间拆借网络结构实证研究[J]. 系统科学与数学,39(4):545-562.

范慧芳,2013. 酒店行业信息不对称现象的形成原因及解决路径[J]. 市场论坛(11):83-86.

高露丹,李洋,王婷婷,2021. 连锁董事网络对企业风险承担的治理研究[J]. 金融与经济(3):39-46.

高雷,宋顺林,2007. 关联交易与公司治理机制[J]. 中南财经政法大学学报(4):59-65.

高霞,陈凯华,2015. 合作创新网络结构演化特征的复杂网络分析[J]. 科研管理(6):28-36.

高增亮,张俊瑞,李海霞,2019. 高管金融网络关系、融资约束与资本结构[J]. 金融论坛,24(2):69-80.

耿新,张体勤,2010. 企业家社会资本对组织动态能力的影响:以组织宽裕为调节变量[J]. 管理世界,12(6):109-121.

宫海亮,迟旭升,徐婷婷,2014. 我国中小企业治理结构与财务风险相关性研究:基于中小企业板上市公司的经验数据[J]. 苏州大学学报(哲学社会科学版),35(4):123-131.

宫晓莉,熊熊,2020. 波动溢出网络视角的金融风险传染研究[J]. 金融研究(5):39-58.

龚晨,何建敏,李守伟,2018. 银行多层网络与系统性风险研究进展[J]. 现代经济探讨(11):64-68.

龚强,张一林,林毅夫,2014. 产业结构,风险特性与最优金融结构[J]. 经济研究,49(4):4-16.

顾乃康,宁宇,2004. 公司的多样化战略与资本结构关系的实证研究[J]. 南开管理评论(6):89-93.

郭牧炫,魏诗博,2011. 融资约束、再融资能力与现金分红[J]. 当代财经(8):119-128.

韩华,刘婉璐,汪金水,2013. 证券市场网络的动态模型构建与演化规律研究[J]. 管理学报,10(2):299-304.

韩鹏飞,胡奕明,何玉,等,2018. 企业集团运行机制研究:掏空、救助还是风险共担?[J]. 管理世界,34(5):120-136.

郝丽萍,胡欣悦,李丽,2001. 商业银行信贷风险分析的人工神经网络模型研究[J]. 系统工程理论与实践(5):62-69.

何飞露,2017. 企业风险承担影响因素研究:基于女性高管视角[J]. 浙江金融,(10):51-58.

何瑛,于文蕾,杨棉之,2019. CEO复合型职业经历、企业风险承担与企业价值[J]. 中国工业经济(9):155-173.

胡育蓉,朱恩涛,龚金泉,2014. 货币政策立场如何影响企业风险承担:传导机制与实证检验[J]. 经济科学(1):39-55.

黄乃静,张冰洁,郭冬梅,等,2017. 中国股票市场行业间金融传染检验和风险防范[J]. 管理科学学报(12):19-28.

黄贤环,吴秋生,王瑶,2018. 金融资产配置与企业财务风险:"未雨绸缪"还是"舍本逐末" [J]. 财经研究,44(12):100-112.

黄光国,1993. 互动舆论社会交易:社会心理学本土化的方法论问题[J]. 本土心理学研究 (2):94-142.

吉艳冰,王伟,赵亚伟,2014. 基于复杂网络理论的担保网络研究[J]. 复杂系统与复杂性科学,11(2):17-23.

计小青,2012. 上海国际航运中心建设的金融引擎[M]. 上海:上海财经大学出版社.

姜付秀,黄继承,李丰也,等,2012. 谁选择了财务经历的CEO?[J]. 管理世界(2):96-104.

姜付秀,张敏,陆正飞,等,2009. 管理者过度自信、企业扩张与财务困境[J]. 经济研究,44 (1):131-143.

靳玉英,周兵,2013. 新兴市场国家金融风险传染性研究[J]. 国际金融研究(5):49-62.

菁华,茅宁,2019. 经济政策不确定性影响企业风险承担吗?[J]. 华东经济管理,33(8): 124-135.

拉德克利夫·布朗,1988. 社会人类学方法[M]. 夏建中,译. 北京:人民出版社.

李秉成,余浪,王志涛,2019. 企业集团财务危机传染与治理效应研究[J]. 软科学,33(3): 65-69.

李秉成,祝正芳,2013. 我国货币政策对企业财务困境的影响研究[J]. 中南财经政法大学学报(5):95-101.

李冰清,张潇元,2023. 基于网络结构的企业集团内部风险传染机制研究[J]. 中国管理科学,31(5):20-28.

李成,白璐,2013. 资本项目开放、金融风险传导与危机临界点预测[J]. 金融论坛,18(4):3-8.

李冬伟,吴菁,2017. 高管团队异质性对企业社会绩效的影响[J]. 管理评论,29(12):84-93.

李欢,卢罡,郭俊霞,2015. 复杂网络零模型的量化评估[J]. 计算机应用,35(6):1560-1563.

李建浩,2018. 企业财务风险传导机理及控制研究[J]. 企业改革与管理(5):111-112.

李江,高书平,韩文硕,2019. 企业财务管理中金融投资风险探究:基于流动性紧缩背景[J]. 财会通讯(17):87-89.

李明昕,罗强,2021. 复杂高管网络与企业科技创新:来自中国上市公司的经验证据[J]. 科学管理研究,39(5):123-128.

李培馨,陈运森,王宝链,2013. 社会网络及其在金融研究中的应用:最新研究述评[J]. 南方金融(9):62-74.

李守伟,马钱挺,隋新,等,2019. 企业信用内生网络模型及其演化研究[J]. 中国管理科学,27(2):53-60.

李守伟,文世航,王磊,等,2020. 多层网络视角下金融机构关联性的演化特征研究[J]. 中国管理科学,28(12):35-43.

李文贵,余明桂,2012. 所有权性质、市场化进程与企业风险承担[J]. 中国工业经济(12):115-127.

李文贵,2015. 银行关联、所有权性质与企业风险承担[J]. 财经理论研究,166(5):83-91.

李永奎,周一燧,周宗放,2017. 基于不完全免疫情景下企业间关联信用风险传染及其仿真[J]. 中国管理科学,25(1):57-64.

李永奎,周宗放,2015. 基于小世界网络的企业间关联信用风险传染延迟效应[J]. 系统工程,33(9):74-79.

李政,梁琪,涂晓枫,2016. 我国上市金融机构关联性研究:基于网络分析法[J]. 金融研究(8):95-110.

李仲飞,刘银冰,周骐,等,2021. 我国房地产业对金融行业的风险溢出效应研究[J]. 计量经济学报,1(3):577-594.

梁义冬,韩金红,2020. 监督还是掏空:纵向兼任高管与企业慈善捐赠[J]. 财会月刊(16):123-132.

林朝颖,黄志刚,杨广青,等,2015. 基于企业微观的货币政策风险承担渠道理论研究[J]. 国际金融研究(6):21-32.

林志杰,陈伟宏,2018. 不同类型外部投资者的投资特征与中小企业绩效的关系[J]. 企业经济(1):89-97.

林钟高,陈曦,2016. 社会信任、内部控制重大缺陷及其修复与财务风险[J]. 当代财经(6):118-129.

刘海明,王哲伟,曹廷求,2016. 担保网络传染效应的实证研究[J]. 管理世界(4):81-96.

刘衡,苏坤,2017. 连锁董事网络对公司风险承担的影响[J]. 经济学报,4(1):119-140.

刘军,2004. 社会网络分析导论[M]. 北京:社会科学文献出版社.

刘志远,王存峰,彭涛,等,2017. 政策不确定性与企业风险承担[J]. 南开管理评论(20):15-

27.

卢闯,孙健,张修平,等,2015. 股权激励与上市公司投资行为:基于倾向得分配对方法的分析[J]. 中国软科学(5):110-118.

卢大新,蓝惠云,1999. 企业财务风险探析[J]. 立信会计高等专科学校学报(4):25-26.

卢馨,郑阳飞,李建明,2013. 融资约束对企业R&D投资的影响研究:来自中国高新技术上市公司的经验证据[J]. 会计研究(5):51-58.

鲁宝新,2016. 企业风险投资中的风险管理理论框架分析[J]. 企业改革与管理(23):34.

鲁若愚,周阳,丁奕文,等,2021. 企业创新网络:溯源、演化与研究展望[J]. 管理世界37(1):217-233.

罗党论,唐清泉,2007. 市场环境与控股股东"掏空"行为研究:来自中国上市公司的经验证据[J]. 会计研究(4):69-74.

罗宏清,肖科斌,邓玲婉,2016. 企业研发投入、高管激励与财务困境[J]. 金融经济(18):130-133.

吕劲松,2015. 关于中小企业融资难、融资贵问题的思考[J]. 金融研究(11):115-123.

马费成,王晓光,2006. 知识转移的社会网络模型研究[J]. 江西社会科学(7):38-44.

马蓝,2016. 企业间知识合作动机、合作行为与合作创新绩效的关系研究[D]. 西安:西北大学.

马连福,杜博,2019. 股东网络对控股股东私利行为的影响研究[J]. 管理学报,16(5):665-675.

纳鹏杰,雨田木子,纳超洪,2017. 企业集团风险传染效应研究:来自集团控股上市公司的经验证据[J]. 会计研究(3):53-60.

欧阳红兵,刘晓东,2015. 中国金融机构的系统重要性及系统性风险传染机制分析:基于复杂网络的视角[J]. 中国管理科学,23(10):30-37.

彭红枫,林川,2018. 众筹参与者是"凑热闹"还是"真投资":社会资本视角下基于"众筹网"的经验证据[J]. 中国经济问题(2):83-101.

彭正银,黄晓芬,隋杰,2019. 跨组织联结网络、信息治理能力与创新绩效[J]. 南开管理评论,22(4):187-198.

戚晶晶,2019. 基于银企间多层金融网络的系统性风险传导机制及建模研究[J]. 金融,9(4):350-364.

乔坤,吕途,2014. 强关系与弱关系的内涵重构:基于4家企业TMT社会关系网络案例研究[J]. 管理学报,11(7):972-980.

乔少杰,郭俊,韩楠,等,2017. 大规模复杂网络社区并行发现算法[J]. 计算机学报,40(3):687-700.

萨秋荣,2009. 银行危机中的消费者、银行、企业之间的博弈行为分析[J]. 生产力研究

（3）:45-47.

沈俊,2006. 企业风险传导条件、类型及路径研究[J]. 当代经济管理(3):23-26.

史永,李思昊,2018. 关联交易、机构投资者异质性与股价崩盘风险研究[J]. 中国软科学,328(4):128-136.

苏日古嘎,马占新,2018. "一带一路"重点省区企业科技创新效率评价:基于广义DEA模型的实证分析[J]. 科学管理研究,36(6):90-93.

孙玺菁,司守奎,2015. 复杂网络算法与应用[M]. 北京:国防工业出版社.

孙工声,魏革军,宋卫琳,2007. 跨境关联交易理论与实证分析[J]. 金融研究(7):94-110.

谭燕军,2015. 基于复杂网络的供应网络复杂性研究[D]. 北京:北京工业大学.

田存志,余欢欢,2016. 行业管制、股权激励与上市公司风险承担[J]. 金融论坛,21(6):62-72.

田雪莹,蔡宁,2006. 企业竞争战略新选择:协同网络的构建研究[J]. 重庆大学学报(社会科学版)(6):36-41.

佟爱琴,李孟洁,2018. 产权性质、纵向兼任高管与企业风险承担[J]. 科学学与科学技术管理,39(1):118-126.

万丛颖,2019. 股东联结网络、网络位置与企业绩效[J]. 财经问题研究(9):120-127.

汪平,2008. 财务理论:修订版[M]. 北京:经济管理出版社.

汪小帆,李翔,陈关荣,2006. 复杂网络理论及其应用[M]. 北京:清华大学出版社.

王琳,陈志军,2020. 价值共创如何影响创新型企业的即兴能力?:基于资源依赖理论的案例研究[J]. 管理世界,36(11):96-110.

王晓枫,廖凯亮,徐金池,2015. 复杂网络视角下银行同业间市场风险传染效应研究[J]. 经济学动态(3):71-81.

王营,曹廷求,2014. 董事网络增进企业债务融资的作用机理研究[J]. 金融研究(7):189-206.

王永贵,刘菲,2019. 网络中心性对企业绩效的影响研究:创新关联、政治关联和技术不确定性的调节效应[J]. 经济与管理研究,40(5):113-127.

王宇,李海洋,2017. 管理学研究中的内生性问题及修正方法[J]. 管理学季刊,2(3):20-47.

王竹泉,王苑琢,王舒慧,2019. 中国实体经济资金效率与财务风险真实水平透析:金融服务实体经济效率和水平不高的症结何在?[J]. 管理世界,35(2):58-73.

韦茜,2021. 企业金融投资风险管理策略[J]. 经济研究导刊(25):64-66.

魏乐,张秋生,2014. 企业横向并购纵向传染机制理论分析[J]. 北京交通大学学报(社会科学版),13(3):66-76.

魏震波,苟竞,2015. 复杂网络理论在电网分析中的应用与探讨[J]. 电网技术,39(1):

279-287.

温忠麟,叶宝娟,2014. 有调节的中介模型检验方法:竞争还是替补?[J]. 心理学报,46
　　(5):714-726.

温忠麟,张雷,侯杰泰,等,2004. 中介效应检验程序及其应用[J]. 心理学报(5):614-620.

文磊,2015. 宏观调控背景下高管团队特征对房地产企业财务风险的影响研究[D]. 湘
　　潭:湘潭大学.

巫景飞,何大军,林炜,等,2008. 高层管理者政治网络与企业多元化战略:社会资本视角:
　　基于我国上市公司面板数据的实证分析[J]. 管理世界(8):107-118.

吴宝,李正卫,池仁勇,2011. 社会资本、融资结网与企业间风险传染:浙江案例研究[J].
　　社会学研究,26(3):84-105.

吴国鼎,张会丽,2015. 多元化经营是否降低了企业的财务风险?:来自中国上市公司的经
　　验证据[J]. 中央财经大学学报(8):94-101.

吴念鲁,徐丽丽,苗海宾,2017. 我国银行同业之间流动性风险传染研究:基于复杂网络理
　　论分析视角[J]. 国际金融研究(7):34-43.

吴世飞,刘淑莲,2017. 大股东数量的决定因素:治理效应权衡与股票流动性:基于中国A
　　股公司的实证研究[J]. 东北大学学报(社会科学版),19(5):459-467.

吴世农,卢贤义,2001. 我国上市公司财务困境的预测模型研究[J]. 经济研究(6):46-55.

吴小节,杨书燕,汪秀琼,2015. 资源依赖理论在组织管理研究中的应用现状评估:基于
　　111种经济管理类学术期刊的文献计量分析[J]. 管理学报,12(1):61-71.

谢德仁,陈运森,2012. 董事网络:定义、特征和计量[J]. 会计研究(3):44-51.

解维敏,唐清泉,2013. 公司治理与风险承担:来自中国上市公司的经验证据[J]. 财经问
　　题研究(1):91-97.

辛宇,史珂,2021. 政治关联丧失、治理结构调整与企业风险承担:基于官员独董强制辞职
　　及其继任选择的实证研究[J]. 管理学季刊6(1):104-126.

向德伟,2002. 运用"Z记分法"评价上市公司经营风险的实证研究[J]. 会计研究(11):53-
　　57.

邢精平,2004. 企业财务危机中相关利益人行为研究[J]. 经济研究(8):57-63.

徐凤,朱金福,苗建军,2015. 基于复杂网络的空铁复合网络的鲁棒性研究[J]. 复杂系统
　　与复杂性科学,12(1):40-45.

徐毛毛,2019. 董事网络对企业风险承担的影响研究[D]. 济南:山东大学.

徐子慧,2018. 担保网络与企业行为:影响机制及经济后果研究[D]. 广州:暨南大学.

许家云,杨俊,2021. 互联网与中国制造业企业风险承担[J]. 南开经济研究(5):176-197.

许同文,吕云虹,2017. 网络社会中的社会关系与社会资本:一种媒介理论的视角[J]. 新
　　闻研究导刊,8(18):11-12.

杨海军,胡敏文,2017. 基于核心-边缘网络的中国银行风险传染[J]. 管理科学学报,10:49-
　　61.

杨七中,马蓓丽,2015. 权力强度、内部控制与大股东掏空行为抑制[J]. 山西财经大学学
　　报,37(7):47-59.

谢伟华,2005. 张国权. 中小民营企业薪酬管理优化策略研究[J]. 沿海企业与科技(12):
　　14-16.

杨志远,2010. 我国国有企业风险控制问题研究[D]. 成都:西南财经大学.

杨子晖,陈雨恬,张平淼,2020. 重大突发公共事件下的宏观经济冲击、金融风险传导与治
　　理应对[J]. 管理世界,36(5):13-35.

叶青,易丹辉,2000. 中国证券市场风险分析基本框架的研究[J]. 金融研究(6):65-70.

叶蓁,2017. 管理者过度自信、企业风险承担与企业价值[J]. 福建商学院学报(4):49-56.

于富生,张敏,姜付秀,等,2008. 公司治理影响公司财务风险吗?[J]. 会计研究(10):52-
　　59.

余海宗,何娜,黄冲,2020. 企业间关系的社会资本租借效应:来自信用担保网络与融资约
　　束的经验证据[J]. 财经科学(1):55-66.

余明桂,李文贵,潘红波,2013. 管理者过度自信与企业风险承担[J]. 金融研究(1):149-
　　163.

曾进群,杨建梅,陈泉,等,2013. 基于零模型的开源社区大众生产合作网络结构研究[J].
　　华南理工大学学报(社会科学版),15(2):29-34.

翟胜宝,张胜,谢露,等,2014. 银行关联与企业风险:基于我国上市公司的经验证据[J].
　　管理世界(4):53-59.

张冰洁,汪寿阳,魏云捷,等,2018. 基于CoES模型的我国金融系统性风险度量[J]. 系统
　　工程理论与实践,38(3):565-575.

张川,张涛,2019. 经营风险与财务风险对物流企业成本的影响[J]. 系统工程理论与实
　　践(15):3-4。

张功富,师玉平,2017. 会计稳健性、高管社会网络与企业创新:来自中国上市公司的经验
　　证据[J]. 财务理论与实践,38(3):35-40.

张洪辉,章琳一,张蕊,2016. 内部控制与关联交易:基于效率促进观和掏空观分析[J]. 审
　　计研究(5):89-97.

张娟,2017. 高管联结的经济后果研究[D]. 北京:中央财经大学.

张俊霞,2013. 基于企业战略的全面风险管理体系构建研究[J]. 会计之友(30):74-77.

张乐才,2011. 企业资金担保链:风险消释、风险传染与风险共享:基于浙江的案例研究
　　[J]. 经济理论与经济管理(10):57-65.

张敏,童丽静,许浩然,2015. 社会网络与企业风险承担:基于我国上市公司的经验证据

[J]. 管理世界(11):161-175.

张敏,黄继承,2009. 政治关联、多元化与企业风险:来自我国证券市场的经验证据[J]. 管理世界(7):156-164.

张维,武自强,张永杰,等,2013. 基于复杂金融系统视角的计算实验金融:进展与展望[J]. 管理科学学报,16(6):85-94.

张希,朱利,刘路辉,等,2019. 基于多层网络的银行间市场信用拆借智能风险传染机制[J]. 计算机应用,39(5):1507-1511.

张晓军,李仕明,何铮,2009. 社会关系网络密度对创新扩散的影响[J]. 系统工程,27(1):92-97.

张冀,程六兵,王竹泉,2019. 担保网络、经济周期与企业风险承担:基于我国上市公司的经验证据[J]. 山西财经大学学报,41(12):62-79.

张友棠,黄阳,2011. 基于行业环境风险识别的企业财务预警控制系统研究[J]. 会计研究(3):41-48.

张玉娟,张学慧,长青,等,2018. 股权结构、高管激励对企业创新的影响机理及实证研究:基于A股上市公司的经验证据[J]. 科学管理研究,36(2):67-70.

甄红线,庄艳丽,2015. 掏空与机会主义支撑行为:基于关联交易视角的案例分析[J]. 经济与管理,29(6):41-47.

郑晓倩,2015. 董事会特征与企业风险承担实证研究[J]. 金融经济学研究,30(3):107-118.

钟映紫,2018. 供应链信息共享影响因素、信息共享程度与企业运营绩效关系研究[J]. 中国管理信息化,21(19):53-54.

钟宇翔,吕怀立,李婉丽,2017. 管理层短视、会计稳健性与企业创新抑制[J]. 南开管理评论,20(6):163-177.

周楷唐,麻志明,吴联生,2017. 高管学术经历与公司债务融资成本[J]. 经济研究,52(7):169-183.

周晓惠,田蒙蒙,聂浩然,2017. 高管团队异质性、盈余管理与企业绩效[J]. 南京审计大学学报,14(3):75-85.

周泽将,马静,刘中燕,2018. 独立董事政治关联会增加企业风险承担水平吗?[J]. 财经研究,44(8):141-153.

朱淑珍,2002. 中国外汇储备的投资组合风险与收益分析[J]. 上海金融(7):26-28.

朱武祥,陈寒梅,吴迅,2002. 产品市场竞争与财务保守行为:以燕京啤酒为例的分析[J]. 经济研究(8):28-36.

邹国庆,倪昌红,2010. 经济转型中的组织冗余与企业绩效:制度环境的调节作用[J]. 中国工业经济(11):120-129.

邹海亮,姜紫含,帅萍,2018. 董事会连锁关系与环境绩效:基于社会网络的视角[J]. 华东经济管理,32(3):119-127.

左晓宇,孙谦,2017. 区域经济与上市公司网络的探索研究:以长三角、珠三角、京津冀为例[J]. 管理现代化,37(3):38-40.

ACEMOGLU D,OZDAGLAR A,TAHBAZ-SALEHI A,2015. Systemic risk and stability in financial networks[J]. American economic review,105(2):564-608.

ACHARYA V V,AMIHUD Y,LITOV L,2011. Creditor rights and corporate risk-taking [J]. Journal of financial economics,102(1):150-166.

AKTER R,ROY J K,2017. The impacts of non-performing loan on profitability:an empirical study on banking sector of Dhaka stock exchange[J]. International journal of economics and finance,9(3):126-132.

ALTMAN E I,1967. The prediction of corporate bankruptuy:a discriminant analysis[D]. Los Angeles:University of California.

ALTMAN E I,2002. Bankruptcy,credit risk,and high yield junk bonds[M]. Malden:Blackwell.

ALVIN C M L,ASHISH A,PRABHUDEV K,et al,2017. Network analysis of search dynamics:the case of stock habitats[J]. Managemennt science,63(8):2667-2687.

ANTÓN M,EDERER F,GINE M,et al,2018. Common ownership,competition,and top management incentives[J]. Journal of political economy,131:1294-1355.

ATTANASIO O,BARR A,CARDENAS J C,et al,2012. Risk pooling,risk preferences,and social networks[J]. American economic journal:applied economics,4(2):134-167.

BARGIGLI L,GALLEGATI M,2014. Random digraphs with given expected degree sequences:a model for economic networks[J]. Journal of economic behavior & organization,78(3):396-411.

BARGIGLI L,IASIO G D,INFANTE L,et al,2015. The multiplex structure of interbank networks[J]. Quantitative finance,15(4):673-691.

BARIGOZZI M,BROWNLEES C,2019. Nets:network estimation for time series [J]. Journal of applied econometrics,34(3):347-364.

BATJARGAL B,LIU M,2004. Entrepreneurs' access to private equity in China:the role of social capital[J]. Organization science,15(2):159-172.

BATTISTON S,RODRIGUES J F,ZEYTINOGLU H,2007. The network of inter-regional direct investment stocks across Europe[J]. Advances in complex systems,10(1):29-51.

BILLIO M,M GETMANSKY,LO W A,et al,2012. Econometric measures of connectedness and systemic risk in the finance and insurance sectors[J]. Journal of financial economics,104(3):535-559.

BOCCALETTI S,BIANCONI G,CRIADO R,et al,2014. The structure and dynamics of multilayer networks[J]. Physics reports,544(1):1-122.

BOUBAKRI N,COSSET J C,SAFFAR W,2011. The role of state and foreign owners in corporate risk-taking:evidence from privatization[J]. Journal of financial economics,108(3):641-658.

BRUMMITT, CHARLES D, KOBAYASHI T, 2015. Cascades in multiplex financial networks with debts of different seniority[J]. Physical review E Statistical,91(6):192-207.

BUCKLEY F,LEWINTER M,2005. A concise course in graph theory[M]. Beijing:Tsinghua University Press.

CANDACE, FORBES, BRIGHT, et al, 2018. Social network gap analysis evaluation: a case study of the southeastern health equity council[J]. Family & community health,42(1):44-53.

CHEN S L,WANG K,Li X X,2012. Product market competition,ultimate controlling structure and related party transactions[J]. China journal of accounting research,5(4):293-306.

CHIU W C,PENA J I,WANG C W,2015. Industry characteristics and financial risk contagion[J]. Journal of banking & finance,50(7):411-427.

CHU Y,DENG S,XIA C,2020. Bank geographic diversification and systemic risk[J]. The review of financial studies,33(10):4811-4838.

CIFUENTES R,SHIN H S,FERRUCCI G,2005. Liquidity risk and contagion[J]. Journal of the European economic association,3(2/3):556-566.

COLES J L,DANIEL N D,NAVEEN L,2004. Managerial incentives and risk-taking[J]. Journal of financial economics,79(2):431-468.

DAHL M S,PEDERSEN C O R,2005. Social networks in the R&D process:the case of the wireless communication industry around Aalborg,Denmark[J]. Journal of engineering & technology management,22(1/2):75-92.

DARAYSEH M,WAPLES E,TSOUKALAS D,2003. Corporate failure for manufacturing industries using firms specifics and economic environment with logit analysis[J]. Managerial finance,29(8):23-36.

FAMA E F,JENSEN M C,1983. Separation of ownership and control[J]. Journal of law and economics,26(2):301-325.

FACCIO M, MARCHICA M T, MURA R, 2016. CEO gender, corporate risk-taking, and the efficiency of capital allocation[J]. Journal of corporate finance, 39:193-209.

FAGIOLO G, SQUARTINI T, GARLASCHELLI D, 2013. Null models of economic networks: the case of the world trade web[J]. Journal of economic interaction and coordination, 8(1):75-107.

FALK A, FISCHBACHER U, 2006. A theory of reciprocity[J]. Games and economic behavior, 54(2):293-315.

FELDMAN D, SAXENA K, XU J, 2020. Is the active fund management industry concentrated enough?[J]. Journal of financial economics, 136(1):23-43.

FIQUE J, PAGE F, 2013. Rollover risk and endogenous network dynamics[J]. Computational management science, 10(2/3):213-230.

FLETCHER, KENNETH C, 2018. A value measure for public-sector enterprise risk management: a TSA case study[J]. Risk analysis, 38(5):991-1008.

FOGEL G, JANDIK T, MCCUMBER W R, 2018. CFO social capital and private debt [J]. Journal of corporate finance, 52:28-52.

FRACASSI C, 2016. Corporate finance policies and social networks[J]. Management science, 63(8):2433.

FRIEDMAN E, JOHNSON S, MITTON T, 2003. Propping and tunneling[J]. Journal of comparative economics, 31(4):700-750.

GANDY A, VERAART L A M, 2017. A Bayesian methodology for systemic risk assessment in financial networks[J]. Management science, 63(12):4428-4446.

GARY F, VERNON J, 2010. Examining the potential benefits of internal control monitoring technology[J]. The accounting review, 85(3):1001-1034.

GH A, KAI W, 2009. Does religion matter in corporate decision making in America? [J]. Journal of financial economics, 93(3):455-473.

GIETZEN T, 2017. The exposure of microfinance institutions to financial risk[J]. Review of development finance, 7(2):120-133.

GLASSERMAN P, YOUNG H P, 2015. How likely is contagion in financial networks? [J]. Journal of banking and finance, 50:383-399.

GOTTARDI P, VEGA-REDONDO F, CABRALES A, 2017. Risk-sharing and contagion in networks[J]. The review of financial studies, 30(9):3086-3127.

GRANOVETTER M S, 1984. Economic action and social structure: the problem of embeddedness[J]. Administrative science quarterly, 19:481-510.

GUAN J, LIU N, 2016. Exploitative and exploratory innovations in knowledge network and collaboration network: a patent analysis in the technological field of nano-energy [J]. Research policy, 45(1):97-112.

HABIB A, HASAN M M, 2017. Firm life cycle, corporate risk-taking and investor sentiment[J]. Accounting and finance, 57(2):465-497.

HADLOCK C J, PIERCE J R, 2010. New evidence on measuring financial constraints: moving beyond the KZ index[J]. Review of financial studies, 23(5):1909-1940.

HAMBRICK D C, MASON P A, 1984. Upper echelons: the organization as a reflection of its top managers[J]. Academy of management review, 9(2):193-206.

HAO Q M, 2020. A study of the research & development and long term risk under financial constraints[J]. Science research management, 41(10):54-62.

HOSKISSON R E, F CHIRICO, ZYUNG J D, et al, 2017. Managerial risk taking: a multi-theoretical review and future research agenda[J]. Journal of management, 43(1):137-169.

JIN Y, ZHANG Q, LI S P, 2016. Topological properties and community detection of venture capital network: evidence from China[J]. Physica a: statistical mechanics and its applications, 442:300-311.

JOHN K, LITOV L, YEUNG B, 2008. Corporate governance and risk-taking[J]. Journal of finance, 63(4):1679-1728.

JOHNSON S, PORTA R L, SHLEIFER A, 2000. Tunneling[J]. American economic review, 90(2):22-27.

KAPLAN S N, LUIGI Z, 1997. Do investment-cash flow sensitivities provide useful measures of financing constraints?[J]. Quarterly journal of economics, 112(1):169-215.

KAUSTIA M, RANTALA V, 2015. Social learning and corporate peer effects[J]. Journal of financial economics, 117(3):653-669.

KEMPF A, RUENZI S, THIELE T, 2009. Employment risk, compensation incentives and managerial risk taking: evidence from the mutual fund industry[J]. Journal of financial economics, 92(1):92-108.

KIM E H, LU Y, 2011. CEO ownership, external governance, and risk-taking[J]. Journal of financial economics, 102(2):272-292.

KIVEL M, ARENAS A, BARTHELEMY M, et al, 2013. Multilayer networks[J]. SSRN electronic journal, 2(3):261-268.

KOERNIADI H, KRISHNAMURTI C, TOURANI-RAD A, 2014. Corporate governance and risk-taking in New Zealand[J]. Australian journal of management, 39(2):227-245.

KOSTOVETSKY, LEONARD, 2015. Political capital and moral hazard[J]. Journal of financial economics,116(1):144-159.

LARSON B O,1992. Risk profile modification of energy projects:the impact of controlling financial risk utilizing swaps[J]. Journal of petroleum technology,44(9):972-977.

LEE T S,YEH Y H,2004. Corporate governance and financial distress:evidence from Taiwan[J]. Corporate governance:an international review,12(3):378-388.

LI S,WEN S,2017. Multiplex networks of the guarantee market:evidence from China [J]. Complexity,3:1-7.

LI M X,TANG J,2021. A study on regional financial risks based on CoCVaR model[J]. Discrete dynamics in nature and society(3):1-10.

LI Z,WONG T J,Yu G,2020. Information dissemination through embedded financial analysts:evidence from China[J]. The accounting review,95(2):257-281.

LI Z,ZHOU Q,CHEN M,et al,2021. The impact of COVID-19 on industry-related characteristics and risk contagion[J]. Finance research letters,39:101931-1-101931-9.

LIN W T,CHEN Y H,1990. Investment horizon and beta coefficients[J]. Journal of business research,21(1):19-37.

LITOV L P,JOHN K,YEUNG B,2008. Corporate governance and managerial risk taking [J]. Social science electronic publishing,63(46):91-102.

LUMPKIN G T,DESS G G,1996. Clarifying the entrepreneurial orientation construct and linking it to performance[J]. Academy of management review,21(1):135-172.

LUO C,XIE C,YU C,et al,2015. Measuring financial market risk contagion using dynamic MRS-Copula models:the case of Chinese and other international stock markets [J]. Economic modelling,51(12):657-671.

MANO D D,CLARA G,MASON A,et al,2016. The physics of spreading processes in multilayer networks[J]. Nature physics(12):901-906.

MASI G D,GALLEGATI M,2012. Bank-firms topology in Italy[J]. Empirical economics, 43(2):851-866.

MASSA M,PATGIRI R,2009. Incentives and mutual fund performance:higher performance or iust higher risk taking?[J]. The review of financial studies,22(5):1777-1815.

MCLEAN R D,ZHAO M,2014. The business cycle,investor sentiment,and costly external finance[J]. Journal of finance,69(3):1377-1409.

MILO R,ITZKOVITZ S,KASHTAN N,et al,2004. Superfamilies of evolved and designed networks[J]. Science,303(5663):1538-1542.

MIURA W,TAKAYASU H,TAKAYASU M,2012. The origin of asymmetric behavior of money flow in the business firm network[J]. The European physical journal special topics,212(1):65-75.

MOLLOY M,REED B,COMBINATOIRE E,et al,1998. The size of the giant component of a random graph with a given degree sequence[J]. Combinatorics probability & computing,7(3):295-305.

MUCHA P J,PORTER M A,2010. Communities in multislice voting networks[J]. Chaos an interdisciplinary journal of nonlinear science,20(4):1082.

MUSMECI N,NICOSIA V,ASTE T,et al,2017. The multiplex dependency structure of financial markets[J]. LSE research online documents on economics,2017:1-13.

NEWMAN M, 2010. Networks: an introduction[J]. Astronomische nachrichten, 327(8): 741-743.

NEWMAN M,2003. The structure and function of complex networks[J]. SIAM review,45 (2):167-256.

NIESSEN R A,RUENZI S,2019. Sex matters:gender bias in the mutual fund industry [J]. Management science,65(7):3001-3025.

OSWARI T,2011. Contingency variable interaction model:implementation on credit risk management system of the commercial banks in indonesia[J]. SSRN electronic journal,25(1):96-98.

OWEN-SMITH J,POWELL W W,2004. Knowledge networks as channels and conduits: the effects of spillovers in the Boston biotechnology community[J]. Operations research,15(1):5-21.

PÁSTOR P,STAMBAUGH R F,TAYLOR L A,2015. Scale and skill in active management[J]. Journal of financial economics,116(1):23-45.

PENROSE E,1959. The theory of the growth of the firm[M]. London:Basil Blackwell.

PERALTA G,ZAREEI A,2016. A network approach to portfolio selection [J]. Journal of empirical finance,38:157-180.

POLEDNA S,MOLINA-BORBOA J L,et al,2015. The multi-layer network nature of systemic risk and its implications for the costs of financial crises[J]. Journal of financial stability,20:70-81.

PORTA R L,LOPEZ-DE-SILANES F,SHLEIFER A,et al,2002. Investor protection and corporate valuation[J]. Social science electronic publishing,57(3):1147-1170.

QUON T K,ZEGHAL D,MAINGOT M,2012. Enterprise risk management and firm performance[J]. Procedia-social and behavioral sciences,62:263-267.

ROBERT E H,FRANCESCO C,2017. Managerial risk taking[J]. Journal of management,

43(1):39-42.

ROSA F, NOVO M, DANIEL F M, et al, 2016. Diversification patterns in cosmopolitan earthworms: similar mode but different tempo[J]. Molecular phylogenetics and evolution, 94(PB):701-708.

ROSSI A G, BLAKE D, TIMMERMANN A, et al, 2018. Network centrality and delegated investment performance[J]. Journal of financial economics, 128(1):183-206.

SENBET, LEMMA W, 2012. Corporate financial distress and bankruptcy: a survey[J]. Foundations and trends in finance, 5(4):243-335.

SHU C, PAGE A L, GAO S, et al, 2011. Managerial ties and firm innovation: is knowledge creation a missing link?[J]. Journal of product innovation management, 29(1): 125-143.

SIMPER R, DADOUKIS A, BRYCE C, 2019. European bank loan loss provisioning and efficient technological innovative progress[J]. Journal of banking and finance, 63(5):119-130.

SOHN W, 2010. Market response to bank relationships: evidence from Korean bank reform[J]. Journal of banking & finance, 34(9):2042-2055.

SRINIVASAN S, 2005. Consequences of financial reporting failure for outside directors: evidence from accounting restatements and audit committee members[J]. Journal of accounting research, 43(2):291-334.

SUTTON, STEVE G, 2006. Extended-enterprise systems' impact on enterprise risk management[J]. Journal of enterprise information management, 19(1):97-114.

TAO Q, LI H, WU Q, et al, 2019. The dark side of board network centrality: evidence from merger performance[J]. Journal of business research, 104:215-232.

WATANABE H, TAKAYASU H, TAKAYASU M, 2011. Biased diffusion on Japanese inter-firm trading network: estimation of sales from network structure[J]. Papers, 14(17): 1-4.

WATTS D J, STROGATZ S, 1998. Collective dynamics of "small-world" networks (see comments)[J]. Nature, 393(6684):440-442.

WATTS D J, 2011. A simple model of global cascades on random networks[M]. Princeton: Princeton University Press.

WATTS D J, 2000. Small Worlds: the dynamics of networks between order and randomness[J]. Mathematical gazette, 84(500):366-367.

WHITED T M, GUOJUN W, 2006. Financial constraints risk[J]. Review of financial studies(2):531-559.

WOLFF J A, PETT T L, RING J K, 2015. Small firm growth as a function of both learning orientation and entrepreneurial orientation: an empirical analysis[J]. International journal of entrepreneurial behavior & research, 21(5):709-730.

WRIGHT P, FERRIS S P, SARIN A, et al, 1996. Impact of corporate insider, blockholder, and institutional equity ownership on firm risk taking[J]. The academy of management journal, 39(2):441-458.

WU J B, HOM P W, TETRICK L E, et al, 2006. The norm of reciprocity: scale development and validation in the Chinese context[J]. Management and organization review (3):377-402.

YANG C, ZHU X, JIANG L, et al, 2016. Study on the contagion among American industries[J]. Physica a: statistical mechanics and its applications, 444:601-612.

ZAREEI A, 2019. Network origins of portfolio risk[J]. Journal of banking and finance, 109:105663-1-105663-29.

ZAWADOWSKI A, 2013. Entangled financial systems[J]. Review of financial studies, 26(5):1291-1323.

ZHANG J, SMALL M, 2006. Complex network from pseudoperiodic time series: topology versus dynamics[J]. Physical review letters, 96(23):238701-1-238701-4.

ZHANG L, ALTMAN E I, YEN J, 2010. Corporate financial distress diagnosis model and application in credit rating for listing firms in China[J]. Frontiers of computer science in China, 4(2):220-236.

ZOU Y, DONNER R V, MARWAN N, et al, 2019. Complex network approaches to nonlinear time series analysis[J]. Physics reports, 787:1-97.